CAMPUS
DEUTSCH ALS FREMDSPRACHE
DEUTSCH

B2 / C1

LESEN

Oliver Bayerlein
Patricia Buchner

Herausgegeben von
Oliver Bayerlein

Hueber Verlag

4. 3. 2.   Die letzten Ziffern
2019 18 17 16 15   bezeichnen Zahl und Jahr des Druckes.
Alle Drucke dieser Auflage können, da unverändert,
nebeneinander benutzt werden.
1. Auflage
© 2013 Hueber Verlag GmbH & Co. KG, 85737 Ismaning, Deutschland
Redaktion: Andrea Haubfleisch, Frankfurt am Main
Umschlaggestaltung: Sieveking · Agentur für Kommunikation, München
Layout und Satz: Sieveking · Agentur für Kommunikation, München
Druck und Bindung: Himmer AG, Augsburg
Printed in Germany
ISBN 978–3–19–051003–0

Art. 530_07488_001_02

Aufbau

BASISTEXT
Lesen – warum eigentlich?

Seite 7

*Effektives Lesen bedeutet nicht, dass man jedes
unbekannte Wort im Wörterbuch nachschlägt.*

Übungstext 1
Zählen lernen

Seite 29

*Zum wissenschaftlichen Lesen gehört auch immer
das Schreiben. Markierungen im Text und Notizen
in eigenen Worten können den Inhalt strukturieren
und das Verständnis erleichtern.*

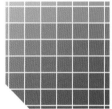

Übungstext 2
Wie die Sprache das Denken formt

Seite 43

*Arbeit mit Texten bedeutet, dass man die Texte
intensiv analysiert, mit ihnen arbeitet und sie sich
so zu eigen macht. Daraus entstehen oft neue
Erkenntnisse und eigene originelle Ideen.*

Übungstext 3
Holz statt Stahl und Beton

Seite 57

*Lesen lernt man durch Lesen. Lesen Sie jeden Tag
deutsche Texte zu Ihrer Studienrichtung. So werden
Sie mit den Fachwörtern vertraut. Sie werden
schnell feststellen, dass Fachartikel leichter zu verstehen sind als Romane und andere poetische Texte.*

Übungstext 4
Die eingebildete Arznei

Seite 71

*Ordnen Sie neue Wörter und Redewendungen
bereits bekannten zu. Intensivieren Sie die Verbindungen zwischen Neuem und Altem, z. B. durch
Assoziogramme. So schaffen Sie dauerhaftes
Wissen.*

Inhalt

Lesen – warum eigentlich?   BASISTEXT

Buchkategorien verstehen · Vorwissen aktivieren · Schlüsselwörter identifizieren · Zahlen im Text interpretieren · Unbekannte Wörter erschließen · Erwartungen an den Text formulieren · Textzusammenhang durch Inhaltswörter herstellen · Negationen markieren · Redewendungen (feste Verbindungen) verstehen · Quantitätsangaben deutlich machen · Daten visualisieren · Schlüsselwörter erweitern · Wichtige Aussagen schnell verstehen · Abfolgen chronologisch ordnen · Wortgruppen (feste Verbindungen) merken

Zählen lernen   Übungstext 1

Zahlen, Ziffern und Nummern unterscheiden · Partikeln unterscheiden · Strukturen erschließen · Abschnitte zusammenfassen · Lange Sätze analysieren · Aussagen einschränken · Textbezüge analysieren · Informationen strukturieren · Den adverbialen Gebrauch von *überhaupt* verstehen · Gedankenstriche verwenden

Wie die Sprache das Denken formt   *Übungstext 2*

Schwierige Textzusammenhänge grafisch darstellen · Orientierend lesen · Bedeutung mithilfe grammatischer Kenntnisse erschließen · Textbezüge auflösen · Texte funktional gliedern · Informationen in Tabellen darstellen · Texte durch eigene Randbemerkungen strukturieren · Bedingungssätze erkennen · Adjektive intensivieren

Holz statt Stahl und Beton   *Übungstext 3*

Fachwörterbücher benutzen · Lange Fachbegriffe auflösen · Verständnis von Fachbegriffen vorbereiten · Assoziogramme anlegen · Unbekannte Wörter erschließen · Bekannte Textteile markieren · Zielgerichtet lesen · Hintergrundinformationen recherchieren · Miteinander verbundene Beziehungen beschreiben · Die Verwendung von Anführungszeichen verstehen · Linkserweiterungen analysieren · Grund-Folge-Verhältnisse verstehen

Die eingebildete Arznei   *Übungstext 4*

Visuelle Präsentation eines Textes analysieren · Hintergrundinformationen zur Publikation einholen · Miteinander verbundene Beziehungen beschreiben · Absatztechnik: Wichtige Aussagen effizient auffinden · Informationen ordnen · Informationen integrieren, Wissen erweitern · Auslassungssätze ergänzen · Die Verwendung von Anführungszeichen verstehen · Die Funktion von Doppelpunkten verstehen

Vorwort

Die Reihe **Campus Deutsch** ist für Studierende am Übergang der Sprachausbildung zum eigentlichen Fachstudium konzipiert. Das Kursmaterial soll die Lernenden in die Lage versetzen, den Beginn ihres Fachstudiums (1./2. Semester) sprachlich und methodisch zu bewältigen.

In vier Bänden werden daher zum einen grundlegende Kompetenzen für das Fachstudium vermittelt und geübt:

> effektives **Lesen** von wissenschaftlichen Texten
> sachgerechtes und fesselndes **Präsentieren** von wissenschaftlichen Inhalten sowie überzeugendes **Diskutieren**
> verständliches **Schreiben** von wissenschaftlichen Textsorten
> ökonomische **Mitschrift** von Vorlesungen sowie aktives, strukturierendes **Hören** von wissenschaftlichen Vorträgen und Fachdiskussionen

Um ein Studium in einem deutschsprachigen Land erfolgreich bestehen zu können, sind zum anderen aber auch kulturelle Techniken notwendig, die jenseits der Sprache liegen. Daher bilden methodische Fertigkeiten neben den sprachlichen Kompetenzen einen weiteren Schwerpunkt: die Kenntnis von verschiedenen Wörterbüchern und Lexika, ein angemessenes Verhalten während der Präsentation vor Fachpublikum, der passende Schreibduktus beim Verfassen von Fachtexten – um nur einige zu nennen.

Das sprachliche Niveau der Reihe orientiert sich am Niveau B2/C1 des Europäischen Referenzrahmens. Auf dieser Grundlage werden Lese- und Hörtexte angeboten sowie Schreib- und Präsentationsaufgaben gestellt. Die Texte und Aufgaben entstammen dem geistes- und naturwissenschaftlichen Fächerkanon, wobei darauf geachtet wurde, dass sich die Inhalte in einem populärwissenschaftlichen Rahmen bewegen, sodass keine sehr speziellen Fachkenntnisse für das Verständnis notwendig sind.

Zu **Campus Deutsch** finden Sie im Internet unter www.hueber.de/campus-deutsch Lehrerhandbücher mit praktischen Tipps für den Einsatz im Unterricht. Aufgrund der ebenfalls dort vorhandenen extensiven Lösungen kann **Campus Deutsch** auch zum Selbststudium verwendet werden.

Der Band **Lesen** widmet sich anhand von fünf Texten verschiedenen Techniken, die Studierende in die Lage versetzen sollen, eigenständig in einer akzeptablen Zeitspanne und möglichst nur mit sehr gezieltem Wörterbucheinsatz populärwissenschaftliche Texte zu erschließen. Die Grundlage ist ein Basistext, der zu Beginn der Unterrichtsreihe bearbeitet werden sollte. Dort werden die Techniken und Aufgaben sehr kleinschrittig erklärt. Neben diesem Basistext gibt es vier weitere Übungstexte, die je nach Fachgebiet oder Interesse der Studierenden in beliebiger Reihenfolge bearbeitet werden können. In den Texten werden jeweils verschiedene Techniken geübt. Diese Techniken werden in kleinen Infokästen beschrieben und in den danebenstehenden Aufgaben angewendet. Um alle Arbeitstechniken zu üben, sollten alle Texte behandelt werden.

Die Autoren und der Verlag wünschen Ihnen viel Spaß und Erfolg mit **Campus Deutsch**.

Lesen – warum eigentlich?

Effektives Lesen bedeutet nicht, dass man jedes unbekannte Wort im Wörterbuch nachschlägt.

DAS LERNEN SIE

- Buchkategorien verstehen
- Vorwissen aktivieren
- Schlüsselwörter identifizieren
- Zahlen im Text interpretieren
- Unbekannte Wörter erschließen
- Erwartungen an den Text formulieren
- Textzusammenhang durch Inhaltswörter herstellen
- Negationen markieren
- Redewendungen (feste Verbindungen) verstehen
- Quantitätsangaben deutlich machen
- Daten visualisieren
- Schlüsselwörter erweitern
- Wichtige Aussagen schnell verstehen
- Abfolgen chronologisch ordnen
- Wortgruppen (feste Verbindungen) merken

Einstieg

1 Was hat das Bild mit dem Thema *Lesen* zu tun? Notieren Sie Ihre Ideen.

....

....

....

2 An welchem Ort lesen Sie gewöhnlich? Schreiben Sie einen Satz.

....

....

3 Welches Buch haben Sie zuletzt gekauft? Notieren Sie den Titel.

....

....

1 Welche Arten von Büchern sehen Sie hier? Ordnen Sie die Buchcover den Begriffen zu.

A

B

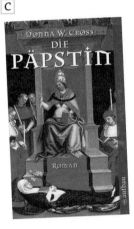

C

BUCHKATEGORIEN VERSTEHEN

Man unterscheidet zwischen fiktionaler und nicht fiktionaler Literatur. In die Abteilung fiktionale Literatur fallen alle Bücher, deren Inhalte aus dem Kopf eines Autors oder einer Autorin stammen. Ein anderes Wort dafür ist auch Belletristik. Zur nicht fiktionalen Literatur gehören Bücher, die sich mit Inhalten der realen Welt befassen, deren Inhalte also nicht erfunden sind.

D

E

☐ Krimi(nalroman)
☐ Kochbuch
☐ Reiseführer
☐ Roman
☐ Lexikon

2 Notieren Sie weitere Buchkategorien.

....

....

3 Welche Bücher sind fiktional, welche sind nicht fiktional? Notieren Sie.

fiktional: Roman, ...

nicht fiktional: Kochbuch, ...

4 Warum lesen Sie die folgenden Buchkategorien? Verbinden Sie die passenden Elemente.

Roman	Sie möchten ein neues Rezept ausprobieren.
Lexikon	Sie möchten sich über Ihr Urlaubsziel informieren.
Reiseführer	Sie möchten etwas nachschlagen.
Kochbuch	Sie möchten sich entspannen.

5 Was fällt Ihnen zum Thema *Lesen* ein? Ergänzen Sie möglichst viele Wörter.

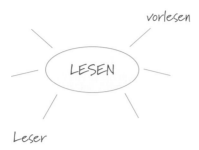

vorlesen

LESEN

Leser

VORWISSEN AKTIVIEREN

Bevor Sie mit der Lektüre eines Textes beginnen, machen Sie sich Gedanken zum Thema:
• Was wissen Sie schon darüber?
• Was möchten Sie darüber noch wissen?

6 *Buch* und *Lesen*: Es gibt viele Zusammensetzungen mit diesen beiden Wörtern. Ergänzen Sie den fehlenden Teil. Die Buchstaben in den Klammern helfen Ihnen. Sie können auch Ihr Wörterbuch benutzen.

a Ein Ort, wo Bücher vorgestellt werden: die Buch................ (semse)

b Der Umgang mit Büchern in der Gesellschaft
   der Vergangenheit und Gegenwart: die Buch kultur........... (tulurk)

c Ein Ort, wo man Bücher kaufen kann: die Buch................ (nadlungh)

d Man bezahlt Geld und bekommt ein Buch: der Buch................ (fuka)

e Das Können, Bücher zu lesen und zu verstehen: die Lese................ (kähfigtei)

f Die gleiche Bedeutung wie in e, aber ein Fremdwort dafür: die Lese kompetenz..... (pomkezent)

g Die Art und Weise, wie man liest: das Lese................ (lerhentav)

h Jemand, der nie liest: der ....leser (thicN)

i Alle Leser: die Leser............... (tafsch)

j Wenn man nicht aufhören kann zu lesen: die Lese................ (chust)

7 Ergänzen Sie die passenden Wörter.

Lesebereitschaft   Buchhandlung   Geschäftsmodell

Buchverkauf   Buchmessen   Buchpreisbindung

In Deutschland kostet ein bestimmtes Buch in jeder (1) .... gleich viel.

Das nennt man (2) ....

Auch durch das Internet hat die (3) .... nicht abgenommen, denn wer das

Internet benutzt, liest auch. Man darf auch nicht vergessen, dass der (4) ....

das erste funktionierende (5) .... im Internet war.

Die beiden (6) .... in Deutschland sind ein kulturelles Ereignis, zu dem

wichtige Autoren kommen.

1 Der Titel des Textes, den Sie gleich lesen werden, ist *Lesen – Warum eigentlich?*
Stellen Sie Vermutungen über den Inhalt an.

....

....

....

....

2 Lesen Sie den Text und markieren Sie die Schlüsselwörter im ersten Absatz.

Lesen – warum eigentlich?

Lesekultur und Lesekompetenz im neuen Jahrtausend

Peter J. Brenner

Absatz 1   Dem Buch geht es gut. Von einem Ende der Buchkultur kann jedenfalls keine Rede
sein. 230 kg bedrucktes Papier verbrauchte der durchschnittliche Bundesbürger im
Jahre 2005, und gut 82 000 deutschsprachige Neuerscheinungen werden bei den
beiden Buchmessen vorgestellt. Auch für die künftigen Jahre lassen sich enorme
5   Steigerungsraten voraussagen. In Deutschland gibt es eine möglicherweise weltweit einzigartige Infrastruktur des Lesens. Es ist leichter an ein Buch zu kommen
als an ein Medikament. Rund 7000 Buchhandlungen – bei stark steigender Zentralisierungstendenz – können ein Buch innerhalb von 24 Stunden besorgen, ganz zu
schweigen davon, dass der Buchverkauf das erste ertragreiche Geschäftsmodell
10   international agierender Internetanbieter war.

SCHLÜSSELWÖRTER
IDENTIFIZIEREN

Schlüsselwörter sind
Wörter, die eng mit dem
Thema verknüpft sind.
Das Thema wird im Titel
und Untertitel angegeben.
Wenn Sie Schlüsselwör-
ter suchen, müssen Sie
also nach Wörtern suchen,
die mit den Wörtern im
Titel in Verbindung stehen.

3 Untersuchen Sie nun, welche Informationen mit den Schlüsselwörtern verknüpft sind.
Benutzen Sie ggf. ein gesondertes Blatt Papier.

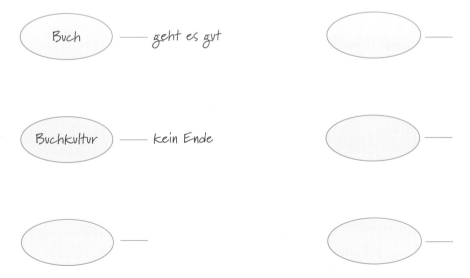

Zahlen verstehen, unbekannte Wörter erschließen

1 Welche Informationen passen zu den Zahlen des ersten Absatzes?

230 *kg bedrucktes Papier* ....

2005 ....

82 000 ....

7000 ....

24 ....

ZAHLEN IM TEXT INTERPRETIEREN

Zahlen sind wichtig für das Verständnis. Schreiben Sie Zahlen als Ziffern an den Rand des Textes und notieren Sie die damit verknüpften Informationen: Was sagen die Zahlen aus? Nimmt etwas zu, nimmt etwas ab? Welche Einheit ist mit der Zahl verbunden?

2 Wörter erschließen: Lesen Sie die Sätze und entscheiden Sie, was die korrekte Bedeutung der markierten Wörter ist.

a „... gut 82 000 deutschsprachige *Neuerscheinungen* werden bei den beiden Buchmessen vorgestellt." (Zeile 3–4)
Tipp: Erschließung durch den Kontext

> neue Scheine ⃝
> neue Bücher ⃝
> neue Autoren ⃝
> neue Seiten ⃝

b „Auch für die künftigen Jahre lassen sich enorme *Steigerungsraten* voraussagen." (Zeile 4–5)
Tipp: Erschließung durch die bisherige Kenntnis der Sprache: *steigern* + *die Rate* und durch den Kontext

> etwas wird besser ⃝
> etwas wird länger ⃝
> etwas wird neuer ⃝
> etwas wird mehr ⃝

UNBEKANNTE WÖRTER ERSCHLIESSEN

Wenn Sie jedes unbekannte Wort im Wörterbuch nachschlagen, wird das Lesen sehr anstrengend. Am Ende kennen Sie dann vielleicht viele Wörter, aber Sie haben den Sinn des Textes noch nicht erfasst. Versuchen Sie daher, die Bedeutung zu erschließen durch:
• den Kontext
• die bisherige Kenntnis der Sprache
• Kenntnis anderer Fremdsprachen, z. B. Englisch
• Ihr Wissen über die Welt

c „In Deutschland gibt es eine möglicherweise weltweit einzigartige *Infrastruktur* des Lesens." (Zeile 5–6)
Tipp: Erschließung durch Fremdsprachenkenntnisse; hier: Englisch

> viele Einrichtungen, durch die das Lesen unterstützt wird ⃝
> viele Leser, durch die das Lesen unterstützt wird ⃝
> viele Gesetze, durch die das Lesen unterstützt wird ⃝
> viele Internetanbieter, durch die das Lesen unterstützt wird ⃝

3 Arbeiten Sie zu zweit: Erschließen Sie die folgenden Begriffe ohne Wörterbuch und notieren Sie kurze Erklärungen. Benutzen Sie ein gesondertes Blatt Papier.

Zentralisierungstendenz   einzigartig   ertragreich   besorgen

Zentralisierungstendenz: Zentralisierung + Tendenz — Entwicklung, dass alles von wenigen gemacht wird

1   Absatz 1 folgt einer strengen logischen Struktur. Schreiben Sie die Inhalte zu dieser Struktur.

Behauptung   *Dem Buch geht es gut.*

- Beispiel 1   *2005; der durchschnittliche Bundesbürger verbraucht 230 kg Papier / Jahr*
- Beispiel 2   ....
- Beispiel 3   ....
- Beispiel 4   ....

2   Beantworten Sie die folgenden Fragen zu den Details in Absatz 1.

a   Welche *international agierenden Internetanbieter* sind wohl gemeint? (Zeile 10)

....

b   Wer ist mit *Bundesbürger* gemeint? (Zeile 2) Schlagen Sie evtl. in einem Lexikon nach.

....

c   Welche beiden Buchmessen meint der Autor? (Zeile 4)

....

> TIPP
>
> www.de.wikipedia.org/wiki/
> Buchmesse

d   Was ist die Bedeutung von *... kann keine Rede sein*? (Zeile 1–2)

> darüber darf man nicht sprechen   ○
> darüber darf niemand reden   ○
> das behauptet fast jeder   ○
> das kann man nicht behaupten   ○

e   Was ist die Bedeutung von *gut* in dem Satz *... gut 82 000 Neuerscheinungen werden ... vorgestellt*? (Zeile 3–4)

> schön   ○
> fast   ○
> genau   ○
> mehr als   ○

f   Was ist hier mit dem Ausdruck *ganz zu schweigen davon ...* gemeint? (Zeile 8–9)

> darüber darf man nicht sprechen   ○
> und darüber hinaus   ○
> ganz im Vertrauen gesagt   ○
> und das weiß sonst niemand   ○

g   Durch welches Wort können Sie *enorm* ersetzen in dem Satz *Auch für die künftigen Jahre lassen sich enorme Steigerungsraten voraussagen*? (Zeile 4–5)

....

Den Inhalt eines Textes zusammenfassen, über die Fortsetzung spekulieren

1 Hier ist eine Zusammenfassung des ersten Absatzes mit eigenen Worten. Ergänzen Sie den Text.

Der Autor ist der Meinung, dass die (1) .... noch nicht zu Ende sei. Er führt vier

(2) .... als Argumente für diese Behauptung an: Als erstes Beispiel dient die Tatsache,

dass jeder Deutsche im Jahr 2005 etwa 230 kg (3) .... verbraucht hat. Das zweite Beispiel

des Autors ist die große Zahl der Bücher, die jedes Jahr neu erscheinen: (4) .... Seine

letzten Beispiele: Man kann ein Buch (5) .... bekommen als ein (6) ....

und das Geschäft, mit dem zuerst im (7) .... Geld verdient wurde, war der Verkauf von

(8) ....

2 Der Autor schreibt: „Dem Buch geht es gut." Was sind die Argumente für diese Behauptung, die im Text genannt werden? Sprechen Sie darüber zu zweit und notieren Sie dann das Ergebnis in zwei Sätzen.

....

....

....

3 Was halten Sie von der Behauptung des Autors? Machen Sie Notizen und stellen Sie Ihre Meinung im Kurs dar.

....

....

4 Der Text hat einen Untertitel (a) und im weiteren Verlauf einen Zwischentitel (b). Sehen Sie sich hier den Untertitel und den Zwischentitel an und notieren Sie Fragen, die Ihnen zu den Themen einfallen.

a *Lesekultur und Lesekompetenz im neuen Jahrtausend*

....

....

....

....

b *Lesen und Gesellschaft*

....

....

....

....

....

ERWARTUNGEN AN DEN TEXT FORMULIEREN

Wissenschaftliche Texte lesen Sie, damit Sie nach der Lektüre etwas wissen, was Sie vorher noch nicht wussten. Deshalb sollten Sie, bevor Sie sich die Mühe machen, einen Text zu lesen, immer Fragen zu dem Thema notieren, die Sie beantwortet haben möchten. Nach der Lektüre des Textes sollten Sie dann schreiben können, inwieweit der Text Ihre Fragen beantwortet hat und welche neuen Erkenntnisse Sie gewonnen haben.

Thematische Begriffe definieren, einen Textzusammenhang erkennen

1 Ordnen Sie die passenden Begriffe den Erklärungen zu.

ökonomisch   die Buchpreisbindung   der Umsatz

die Mehrwertsteuerermäßigung   kostenlos   investieren

a   Man bekommt etwas, ohne dafür Geld bezahlen zu müssen.

b   wirtschaftlich; alles, was die Wirtschaft betrifft

c   Die Summe des Verkaufspreises von Produkten in einer bestimmten Zeit / Der Gesamtbetrag, den ein Unternehmen durch den Verkauf von Waren und Dienstleistungen erhält.

d   Ein Gesetz, das bestimmt, dass ein Buch überall gleich viel kostet

e   Wenn man etwas kauft, ist in dem Preis schon eine Steuer enthalten. Bei Büchern ist diese Steuer nicht so hoch wie bei anderen Produkten.

f   Geld, Zeit oder Arbeit einsetzen, in der Hoffnung später etwas zurückzubekommen

2 Ergänzen Sie den Text mit den Wörtern von Aufgabe 1. Achten Sie auf die Endungen der Adjektive.

Das Buch genießt nach wie vor hohes Ansehen, das sich in harten

(1) .... Fakten niederschlägt. Der (2) ....

.... des Buchhandels näherte sich 2009 der 10-Milliarden-

Grenze, und auch der Staat ist bereit, etwas in die Buchkultur zu (3) ....

.... In Deutschland sind Bücher durch (4) ....

.... und (5) .... auf

eine einzigartige Weise (6) .... privilegiert.

Ein dichtes Netz von über 10 000 Bibliotheken in staatlicher, kommunaler,

kirchlicher, gemeinnütziger oder privater Trägerschaft versorgt die Bevölke-

rung praktisch (7) .... mit Büchern aller Art.

> ### TEXTZUSAMMENHANG DURCH INHALTSWÖRTER HERSTELLEN
>
> Der Text wird in diesem Absatz durch inhaltliche Begriffe zusammengehalten. Diese inhaltlichen Begriffe kommen hier aus dem Bereich der Ökonomie.
> Achten Sie beim Lesen darauf, ob es mehrere Begriffe zu einem Themenbereich gibt. Diese Begriffe sollten Sie genau verstehen, denn sie stellen oft den Textzusammenhang her.

3 Lesen Sie jetzt den zweiten Absatz des Textes und beantworten Sie die Fragen.

Zudem genießt das Buch nach wie vor hohes Ansehen, das sich in harten ökonomischen Fakten niederschlägt. Der Umsatz des Buchhandels näherte sich 2009 der 10-Milliarden-Grenze, und auch der Staat ist bereit, etwas in die Buchkultur zu investieren. In Deutschland sind Bücher durch Buchpreisbindung und Mehrwertsteuerermäßigung auf eine einzigartige Weise ökonomisch privilegiert, ein dichtes Netz von über
15 10 000 Bibliotheken in staatlicher, kommunaler, kirchlicher, gemeinnütziger oder privater Trägerschaft versorgt die Bevölkerung praktisch kostenlos mit Büchern aller Art. Und nicht zuletzt fördern die Schulen und in ihnen zusätzlich eine ganze Reihe von staatlichen und privaten Initiativen die Lesefähigkeit nach Kräften.

a Mit welchem Wort kann *hart* ersetzt werden?

> fest   ○
> intensiv   ○
> klar   ○
> streng   ○

b Mit welchen Wörtern kann *praktisch* ersetzt werden?

> nahezu   ○
> annähernd   ○
> nützlich   ○
> fast   ○

4 Verbinden Sie je zwei passende Sätze mit den Konnektoren. Verwenden Sie jeden Konnektor nur einmal.

Die Deutschen verbrauchen jährlich ca. 230 kg bedrucktes Papier.

Viele Bibliotheken werden durch den Staat finanziert.

Viele Deutsche lesen Krimis.

Robert Musil wurde berühmt durch den Roman *Der Mann ohne Eigenschaften*.

außerdem

zudem

überdies

darüber hinaus

Es gibt einige, die der Kirche gehören.

Er schrieb Bühnenstücke.

Bei den Buchmessen werden 82 000 Neuerscheinungen vorgestellt.

Es werden auch andere literarische Genres gelesen.

....

....

....

....

....

....

....

....

....

ERGÄNZEN SIE DIE REGEL

zudem, außerdem, überdies, darüber

hinaus verbinden zwei gleichwertige

Aussagen zu einem Thema. Nach

diesen Konnektoren folgt im Satz

das ....

Lesen – warum eigentlich?

Lesekultur und Lesekompetenz im neuen Jahrtausend

Peter J. Brenner

Universitas 5/2011

Absatz 1

schon gelesen!

Dem Buch geht es gut. Von einem Ende der Buchkultur kann jedenfalls keine Rede sein. 230 kg bedrucktes Papier verbrauchte der durchschnittliche Bundesbürger im Jahre 2005, und gut 82 000 deutschsprachige Neuerscheinungen werden bei den beiden Buchmessen vorgestellt. Auch für die künftigen Jahre lassen sich enorme
5 Steigerungsraten voraussagen. In Deutschland gibt es eine möglicherweise welt-weit einzigartige Infrastruktur des Lesens. Es ist leichter an ein Buch zu kommen als an ein Medikament. Rund 7000 Buchhandlungen – bei stark steigender Zentrali-sierungstendez – können ein Buch innerhalb von 24 Stunden besorgen, ganz zu schweigen davon, dass der Buchverkauf das erste ertragreiche Geschäftsmodell
10 international agierender Internetanbieter war.

Absatz 2

schon gelesen!

Zudem genießt das Buch nach wie vor hohes Ansehen, das sich in harten ökonomischen Fakten nieder-schlägt. Der Umsatz des Buchhandels näherte sich 2009 der 10-Milliarden-Grenze, und auch der Staat ist bereit, etwas in die Buchkultur zu investieren. In Deutschland sind Bücher durch Buchpreisbindung und Mehrwertsteuerermäßigung auf eine einzigartige Weise ökonomisch privilegiert, ein dichtes Netz von über
15 10 000 Bibliotheken in staatlicher, kommunaler, kirchlicher, gemeinnütziger oder privater Trägerschaft versorgt die Bevölkerung praktisch kostenlos mit Büchern aller Art. Und nicht zuletzt fördern die Schulen und in ihnen zusätzlich eine ganze Reihe von staatlichen und privaten Initiativen die Lesefähigkeit nach Kräften.

Absatz 3

Es steht also gut um das Buch. Aber andererseits: Wer liest diese ganzen Bücher, die ständig neu erscheinen
20 und die so leicht zu bekommen sind? Genaueres Hinsehen nährt den Verdacht, dass diese beeindruckende Infrastruktur des Lesens ein Koloss auf tönernen Füßen ist. Denn ihm kommt langsam die Basis abhanden – die Leser nämlich. Denn eine Buchkultur ist nicht notwendig auch schon eine Lesekultur. Immer wieder stellen Beobachter erstaunt fest, dass breite Bevölkerungskreise ungern oder überhaupt nicht lesen. Der Anteil der Analphabeten in der Bevölkerung ist deutlich größer, als man bisher angenommen hatte: Er liegt
25 nach der neuesten Untersuchung von 2011 bei 7,5 Millionen Erwachsenen – wobei man sich allerdings die Erhebungsmethode besser nicht genau anschauen sollte. Aber auch unabhängig vom Extremfall des Analphabetismus ist die Lesebereitschaft des Publikums etwas ins Zwielicht geraten.

Absatz 4

Die Zahlen könnten auch hier beruhigen. Die alljährlich von der „Gesellschaft für Konsumforschung" im Rahmen von Untersuchungen über das „Buch im Medienportfolio" erhobenen Daten sehen nicht schlecht
30 aus und werden durch andere Studien, wie etwa die der „Stiftung Lesen", gestützt: Die durchschnittliche Lesezeit der Deutschen hat nicht wesentlich abgenommen. Die Konkurrenz von Fernsehen und Internet ist zwar spürbar, aber die alten Befürchtungen, dass insbesondere die „neuen Medien" das Buch völlig verdrängen würden, haben sich nicht bestätigt: Wer das Internet nutzt, liest in der Regel auch.

Absatz 5

Selbst das Lesen von richtigen literarischen Büchern ist durchaus nicht aus der Gesellschaft verdrängt.
35 Durchschnittlich liest jeder Bundesbürger im Jahr neun Bücher – bevorzugt Kriminalromane –, wozu er täglich eine halbe Stunde aufwendet. Diese Statistik legt allerdings die Vermutung nahe, dass sich unter den neun gelesenen Büchern auch *Der Mann ohne Eigenschaften* oder *Krieg und Frieden* befinden muss.

Absatz 6

Wie auch immer – die Statistik gibt Anlass zur Beruhigung. Das Lesen ist nicht aus der Gesellschaft ver-schwunden, und knapp 20 Prozent der Bevölkerung geben sogar an, dass sie „besonders gern" lesen; damit
40 liegt das „Lesen" als bevorzugte Freizeitbeschäftigung kaum hinter der PC- und Internetnutzung, aller-dings deutlich hinter dem Fernsehen mit 42 Prozent.

Erwartungen an den Text formulieren, Negationen verstehen

1 Welche Inhalte stehen für *einerseits*? Sie finden diese Inhalte in Absatz 1 und 2. Notieren Sie diese Inhalte in der Tabelle. Versuchen Sie dann zu zweit, Inhalte für *andererseits* zu finden. Notieren Sie Ihre Ideen ebenfalls in der Tabelle. Lesen Sie noch nicht die neuen Absätze des Textes.

einerseits (Zeile 1–18)	andererseits (Ihre Ideen)

2 Negationen: Lesen Sie Absatz 3 und notieren Sie die Bezüge der Negationen.

a

```
              ( nicht )
Buchkultur              Lesekultur
```

b

```
         ( ungern
          oder nicht )
```

c

```
         ( nicht )
```

NEGATIONEN MARKIEREN

Benutzen Sie Ihr Wörterbuch so wenig wie möglich.
Ein Ansatzpunkt zum Verständnis sind Negationen. Markieren Sie die Verneinungen und untersuchen Sie, was negiert wird.
Negationen sind z. B.:
- nicht
- kein
- un-

3 Lesen Sie jetzt die Absätze 4 bis 6 und notieren Sie die Bezüge der Negationen wie im Beispiel.

a

```
        nicht schlecht
Daten            aussehen
```

b

c

d

e

4 Schreiben Sie mit den Stichwörtern von Aufgabe 2 und 3 vollständige kurze Sätze auf ein Blatt Papier.

2a Buchkultur bedeutet nicht Lesekultur.

2b Breite Bevölkerungskreise lesen nur ungern oder überhaupt nicht.

2c ...

Redewendungen erschließen

1 **Lesen Sie die Definitionen im Lexikon. Notieren Sie die Adjektive, die zu** *Koloss* **passen.**

....

2 **„Ein Koloss auf tönernen Füßen" (Zeile 21):** *Tönerne Füße* **bedeutet** *Füße aus Ton.* **Aus Ton werden z. B. Teller und Tassen hergestellt. Überlegen Sie, welche Adjektive zu** *Ton* **passen. Tragen Sie die Adjektive für** *Koloss* **und** *Ton* **in die Tabelle ein.**

der Koloss	der Ton
gewaltig,	*zerbrechlich,*

3 **Warum verwendet der Autor die Redewendung** *Koloss auf tönernen Füßen***?**

Ich glaube, er verwendet die Redewendung, um zu zeigen, dass

....

....

....

4 **Welche Bedeutung könnten die folgenden Redensarten haben? Stellen Sie sich die damit verbundenen Bilder vor und versuchen Sie, die korrekten Bedeutungen zuzuordnen.**

Redewendung
> den Faden verlieren
> in den sauren Apfel beißen
> drei Kreuze machen
> einen Schlussstrich unter etwas ziehen
> nicht das Gelbe vom Ei sein

Bedeutung
> froh sein, dass etwas vorbei ist
> nicht mehr wissen, was man sagen wollte
> etwas ist nicht so gut, wie es sein sollte
> etwas Unangenehmes tun
> etwas beenden

5 **„... ist die Lesebereitschaft des Publikums etwas ins Zwielicht geraten" (Zeile 27) Was meint der Autor mit diesem Satz im Hinblick auf die Lesebereitschaft des Publikums? Lesen Sie die Definition und kreuzen Sie die Erklärung an, die die Bedeutung in dem Kontext am besten wiedergibt.**

> Man weiß nicht genau, wie viele Bücher das Publikum liest. ○
> Man weiß nicht genau, wo das Publikum Bücher liest. ○
> Man denkt, dass das Publikum nicht weiß, was es lesen soll. ○
> Man denkt, dass sich die Lesebereitschaft verbessert hat. ○

Koloss, der
Genitiv: des Kolosses,
Plural: die Kolosse
1 *ein riesiges Gebilde*: ein Koloss aus Stahl und Beton
2 *eine sehr große, schwere, dicke Person* (ugs.): Er ist wirklich ein Koloss!
3 *Riesenstandbild*: der Koloss von Rhodos

REDEWENDUNGEN (FESTE VERBINDUNGEN) VERSTEHEN

Bei festen Verbindungen handelt es sich um zwei oder mehr Wörter, die zu einer Einheit verbunden sind. Die Bedeutung dieser Einheit kann man in der Regel nicht durch die Bedeutung der einzelnen Wörter erschließen. Wenn Sie in einem Satz ein Wort lesen, dessen Bedeutung auf den ersten Blick keinen Sinn ergibt, handelt es sich vielleicht um einen Teil einer festen Verbindung. In guten Wörterbüchern sind diese Verbindungen oft erklärt.

Zwielicht <**n.**: -(e)s, kein Pl.>
1 *Dämmerlicht:* Bei dem Zwielicht kann ich nichts klar erkennen. **2** *Licht, das entsteht, wenn dämmriges natürliches Licht und Kunstlicht gemischt werden*

Daten visualisieren, Details verstehen

1 „Die Zahlen könnten auch hier beruhigen." (Zeile 28) In Absatz 4 gibt es keine Zahlen. Finden Sie Wörter, die auf Zahlen hinweisen?

a ....

b ....

c ....

2 Welche Kurve visualisiert den folgenden Satz? Kreuzen Sie an.

„Die durchschnittliche Lesezeit der Deutschen hat nicht wesentlich abgenommen." (Zeile 30–31)

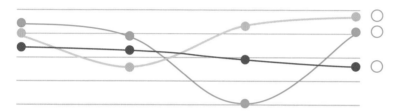

QUANTITÄTSANGABEN DEUTLICH MACHEN

Die Quantität, d. h. die Menge oder Anzahl von Dingen, wird in einem Text nicht immer durch Ziffern wiedergegeben. Häufig werden Begriffe verwendet, die auf Quantitäten und deren Veränderung hinweisen, z. B.:
• Daten, Werte, Nummern, Zahlen
• durchschnittlich
• höchstens – mindestens
• zunehmen – abnehmen
• mehr werden – weniger werden
• vermehren – vermindern

3 Vervollständigen Sie das Diagramm passend zum Text.

„Das Lesen ist nicht aus der Gesellschaft verschwunden, und knapp 20 Prozent … dass sie ‚besonders gern' lesen; damit liegt das ‚Lesen' als bevorzugte Freizeitbeschäftigung …, allerdings deutlich hinter dem Fernsehen mit 42 Prozent." (Zeile 38–41)

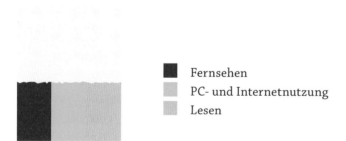

■ Fernsehen
■ PC- und Internetnutzung
■ Lesen

DATEN VISUALISIEREN

Zum Verständnis der Beziehung zwischen Daten ist es oft hilfreich, Daten und Zahlen grafisch darzustellen.

4 Eine Rechenaufgabe: Wie viele Stunden benötigt ein Bundesbürger im Durchschnitt, um ein Buch zu lesen?

„Durchschnittlich liest jeder Bundesbürger im Jahr neun Bücher – bevorzugt Kriminalromane –, wozu er täglich eine halbe Stunde aufwendet." (Zeile 35–36)

....

5 Informieren Sie sich über diese beiden Bücher. Warum werden gerade sie hier genannt? (Zeile 37)

> Die Bücher werden von vielen Leuten gelesen. ○
> Die beiden Bücher sind außergewöhnlich dick. ○
> Man kann die Bücher in einer Stunde durchlesen. ○
> Die Bücher gehören zur klassischen Schullektüre. ○

Selbst das Lesen von richtigen literarischen Büchern ist durchaus nicht aus der Gesellschaft verdrängt.
35 Durchschnittlich liest jeder Bundesbürger im Jahr neun Bücher – bevorzugt Kriminalromane –, wozu er täglich eine halbe Stunde aufwendet. Diese Statistik legt allerdings die Vermutung nahe, dass sich unter den neun gelesenen Büchern auch *Der Mann ohne Eigenschaften* oder *Krieg und Frieden* befinden muss.

Wie auch immer – die Statistik gibt Anlass zur Beruhigung. Das Lesen ist nicht aus der Gesellschaft verschwunden, und knapp 20 Prozent der Bevölkerung geben sogar an, dass sie „besonders gern" lesen; damit
40 liegt das „Lesen" als bevorzugte Freizeitbeschäftigung kaum hinter der PC- und Internetnutzung, allerdings deutlich hinter dem Fernsehen mit 42 Prozent.

Lesen und Gesellschaft

Geändert allerdings hatte sich das Leseverhalten. Die Königsdisziplin des Lesens, die Lektüre von literarischen Werken von vorne bis hinten, hat an Bedeutung verloren. An seine Stelle ist das kurzatmige, an aktuelle
45 Interessenlagen gebundene und meist informatorische Lesen getreten. Man sucht sich heraus, was man in der gegebenen Situation zu brauchen glaubt, und lässt den Rest liegen. Diese Befunde wurden schon in der Studie der „Stiftung Lesen" über „Das Leseverhalten in Deutschland im neuen Jahrtausend" kurz vor der Jahrtausendwende erhoben, in einer Zeit also, als die digitale Kultur, insbesondere die Internetkultur, gerade vor ihrem endgültigen Durchbruch als kultur- und gesellschaftsprägendes Medium stand.

50 Die Statistiken verbergen allerdings auch einige Entwicklungen: Sie zeigen nicht, dass es Vielleser und Nichtleser gibt und dass die Schere zwischen diesen Gruppen langsam auseinanderdriftet. Das ist nichts Neues. Der Prestigewert des Lesens war schon im späteren 18. und im 19. Jahrhundert an eine gehobene soziale, die bürgerliche Schicht gebunden, und soweit man es rekonstruieren kann, gab es damals schon die Differenzierungen in der Leserschaft, über die man heute so erschrocken zu sein vorgibt. Die historischen Leseforscher
55 gehen von einem Drittel regelmäßiger Leser, einem Drittel gelegentlicher und einem Drittel Nichtleser aus, wobei die Grenzlinien zwischen diesen Gruppen auch Grenzen zwischen sozialen Schichten markierten. Diese Trends setzen sich bis in die Gegenwart fort und verschärfen sich langsam. Es sind Entwicklungen, die in allen Industriestaaten beobachtet werden und die in modernen Gesellschaften auch hingenommen werden können.

60 Denn Lesen ist schließlich nicht jedermanns Sache. Das ist auch nicht weiter schlimm. Es würde einer modernen Gesellschaft sicher nicht gut bekommen, wenn sie nur aus leidenschaftlichen Lesern bestünde. Die Befürchtung ist nicht von der Hand zu weisen, dass zu viel Lesen lebensuntauglich mache, ein Einwand, der seit Platon in den verschiedensten Varianten vorgetragen wurde. Ihren Höhepunkt erreicht diese Diskussion in der „Lesesucht"-Debatte des ausgehenden 18. Jahrhunderts – ausgerechnet die Aufklärung bekommt
65 Bedenken, ob das Lesen nicht eher schädliche als nützliche Folgen habe. Philosophen, Publizisten, Pädagogen und Geistliche machten Front gegen das extensive und exzessive Lesen, das sich unter den Jugendlichen und besonders den Frauen breitgemacht habe.

In düsteren Farben wurden die Konsequenzen an die Wand gemalt: In erster Linie sind es die Vereinsamung, die moralische Verderbnis und simple Vergeudung von Zeit, die man zu Nützlicherem verwenden könne, die
70 als Folgen des Lesens, besonders des „Romane"-Lesens, kritisiert werden, Argumente im Übrigen, die auch in der älteren Computer- und Internetdebatte eine gewisse Rolle gespielt haben. Hinzu kommen Missvergnügen und Unzufriedenheit mit dem eigenen sozialen Stand, Kritik an der Regierung, überhaupt Kritik an den bestehenden Verhältnissen.

Die moderne Hochschätzung des Lesens setzt sich im späten 18. Jahrhundert gegen diese Einwände durch
75 und bekommt im 19. Jahrhundert eine reale Basis. Hier erst entsteht die Vorstellung, dass „alle" nicht nur lesen können, sondern es auch tatsächlich tun sollten, und dass dadurch ein unendlicher Gewinn für die Entwicklung des eigenen Charakters wie auch für die Wohlfahrt des Gemeinwesens hervorgerufen werde. (...)

Schlüsselwörter erweitern

1 Wir haben die Schlüsselwörter zu der Überschrift *Lesen und Gesellschaft* für Sie hier notiert. Schreiben Sie mithilfe dieser Schlüsselwörter Ihre Vermutungen zum Inhalt des zweiten Teils des Textes auf.

lesen   Leser   Leseverhalten   Leserschaft   Gesellschaft

Leseforscher   Lesesucht   gesellschaftsprägend   Vielleser   Nichtleser

....

....

....

....

2 Notieren Sie die Beziehungen zwischen den Schlüsselwörtern und deren Erweiterungen wie im Beispiel.

SCHLÜSSELWÖRTER ERWEITERN

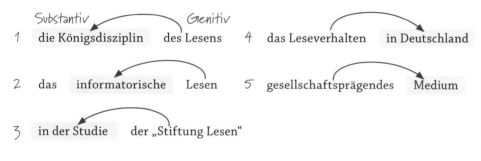

Schlüsselwörter sind Kondensationskeime des Verstehens. Gehen Sie von diesen aus und erweitern Sie Ihr Verständnis:
- **nach links**: Steht das Schlüsselwort im Genitiv? Welche Hauptinformation wird durch den Genitiv erweitert? Gibt es ein Adjektiv, das das Schlüsselwort modifiziert? Ist das Schlüsselwort Teil einer präpositionalen Verbindung? Welches Substantiv passt dazu?
- **nach rechts**: Wenn das Schlüsselwort ein Adjektiv ist, dann passt ein Substantiv dazu. Gibt es rechts eine Präposition? Dann wird das Schlüsselwort durch eine präpositionale Verbindung erweitert.

3 Markieren Sie mögliche Erweiterungen der Schlüsselwörter im ganzen Text mit Grün (vgl. die Beispiele in Absatz 7).

4 Markieren Sie die Antworten auf die folgenden Fragen zu einigen Schlüsselwörtern mit Rot wie in den Beispielen. Schreiben Sie dann die Antworten in einem vollständigen Satz.

> Was ist die Königsdisziplin des Lesens?

Das ist die Lektüre von literarischen Werken von vorne bis hinten.

> Was ist das informatorische Lesen?

....

> Was sagen die historischen Leseforscher?

....

> Was wäre für eine moderne Gesellschaft nicht gut?

....

> Welche Einwände gab es gegen die Hochschätzung des Lesens?

....

Hauptaussagen verstehen

1 Welche Aussagen sind korrekt? Kreuzen Sie an.

Der Autor schreibt,

> dass es verschiedene Formen des Lesens gibt. ○
> dass es mehr regelmäßige Leser gibt als Nichtleser. ○
> dass alle Menschen gern lesen. ○
> dass man vor 200 Jahren dachte, dass das Lesen schädlich ist. ○
> dass das Lesen im 19. Jahrhundert wieder populärer wurde. ○

**WICHTIGE AUSSAGEN
SCHNELL VERSTEHEN**

Um wichtige Aussagen eines
Textes zu verstehen, wendet man
die Technik des *orientierenden
Lesens* an: Man sucht nach
Schlüsselwörtern, markiert
diese, versucht die Erweiterungen der Schlüsselwörter zu verstehen und verschafft sich so
einen Überblick über den Inhalt
des Textes. Dies sollte alles
möglichst noch ohne den Einsatz
eines Wörterbuchs geschehen.

**2 Der Text ist inhaltlich in zwei Teile geteilt. Wir geben hier die ersten Sätze
von allen Absätzen aus den beiden Teilen wieder. Lesen Sie diese Sätze und
ordnen Sie die Aussagen aus der Tabelle den beiden Teilen zu.**

Teil 1 (Zeile 1–41): Dem Buch geht es gut. ... Zudem genießt das Buch nach
wie vor hohes Ansehen, das sich in harten ökonomischen Fakten niederschlägt.
... Es steht also gut um das Buch. ... Die Zahlen können auch hier beruhigen.
... Selbst das Lesen von richtigen literarischen Büchern ist durchaus nicht aus
der Gesellschaft verdrängt. ... Wie auch immer – die Statistik gibt Anlass zur
Beruhigung.

Teil 2 (Zeile 43–77): Geändert hat sich allerdings das Leseverhalten. ... Die Statistiken verbergen allerdings auch
einige Entwicklungen: Sie zeigen nicht, dass es Vielleser und Nichtleser gibt und dass die Schere zwischen diesen
Gruppen langsam auseinanderdriftet. ... Diese Trends setzen sich bis in die Gegenwart fort und verschärfen sich
langsam. ... Denn Lesen ist schließlich nicht jedermanns Sache. ... In düsteren Farben wurden die Konsequenzen
an die Wand gemalt: In erster Linie sind es die Vereinsamung, die moralische Verderbnis und simple Vergeudung
von Zeit, ... Die moderne Hochschätzung des Lesens setzt sich im späten 18. Jahrhundert gegen diese Einwände
durch und bekommt im 19. Jahrhundert eine reale Basis.

	Teil 1	Teil 2
Auch längere literarische Texte werden gelesen.		
Früher dachte man, dass Lesen nutzlos ist.		
Mit Büchern kann man viel Geld verdienen.		
Die Bedeutung des Lesens hat sich in den letzten 300 Jahren geändert.		
Die Entwicklung des Buches verläuft positiv.		

3 Ergänzen Sie den Satz.

Im ersten Teil wird .... über das Buch und das Lesen gesprochen, während im zweiten Teil ....

....

4 Welche negativen Folgen hat man im 18. Jahrhundert mit dem Lesen verbunden?

....

Detailinformationen erschließen und verstehen

1 Welche beiden Arten des Lesens nennt der Autor in Absatz 7?

Lesen A:

....

....

Lesen B:

....

....

2 Welche Art des Lesens wendet man bei diesen Texten wahrscheinlich an?

....

3 Markieren Sie die Verben, die den folgenden idiomatischen Ausdruck richtig wiedergeben.

die Schere driftet auseinander

die Zahl der Vielleser   sinkt ○   UND   die Zahl der Nichtleser   sinkt ○
                          steigt ○   steigt ○

4 Welche Erklärung ist für den folgenden idiomatischen Ausdruck richtig?

etwas in düsteren Farben an die Wand malen
> etwas öffentlich sagen   ○
> sagen, dass etwas Schlechtes passiert   ○
> etwas unverständlich machen   ○
> eine Wand schmutzig machen   ○

5 Welcher Zeitpunkt ist im folgenden Satz gemeint? Was meinen Sie?

„Diese Befunde wurden schon in der Studie der ‚Stiftung Lesen' über ‚Das Leseverhalten in Deutschland im neuen Jahrtausend' *kurz vor der Jahrtausendwende* erhoben, ..." (Zeile 46–48)

....

6 Welche Erklärung ist für den folgenden idiomatischen Ausdruck richtig?

„... Pädagogen und Geistliche *machten Front gegen* das extensive und exzessive Lesen, ..." (Zeile 65–66)
> Pädagogen und Geistliche bekämpften das viele Lesen.   ○
> Pädagogen und Geistliche verteidigten das viele Lesen.   ○
> Pädagogen und Geistliche standen sich mit ihren Meinungen frontal gegenüber.   ○
> Pädagogen und Geistliche waren der Meinung, dass Lesen in einem Krieg gut ist.   ○

7 **Wie entwickelte sich das Lesen im Laufe von 300 Jahren? Ordnen Sie der Zeitleiste zu. Manchmal passen zwei Zahlen.**

18. Jahrhundert	19. Jahrhundert	20. Jahrhundert
1	2	3

☐ Das Internet wird zum wichtigsten Medium. Die Leser suchen sich durch kurzes informatorisches Lesen relevante Informationen.

☐ Gelesen wurde hauptsächlich von einer bürgerlichen sozialen Schicht. Ungefähr ein Drittel der Bevölkerung hat regelmäßig gelesen.

☐ Man war der Meinung, dass Lesen zur sozialen Unzufriedenheit führen könne. Daher könne es zu politischen Unruhen kommen.

☐ Das Lesen wurde als eine Tätigkeit anerkannt, die für das Individuum und für die Gesellschaft nützlich sein könne.

☐ Man war der Meinung, dass Lesen einsam mache, Zeitverschwendung sei und die Moral der Leser verderbe.

☐ Man hatte Angst, dass die Beschäftigung mit dem Computer einsam mache und Zeitverschwendung sei.

> **ABFOLGEN CHRONOLOGISCH ORDNEN**
>
> Werden in einem Text mehrere Zeitpunkte genannt, versuchen Sie für sich, die Verbindungen dieser Zeitpunkte grafisch deutlich zu machen.

☐ Man befürchtete, dass Lesen süchtig mache und daher besonders für Jugendliche und Frauen sehr schädlich sei.

8 **Was war der Hauptkritikpunkt in der Lesesucht-Debatte?**

Eine Gesellschaft funktioniert nicht, wenn ...

> nur Jugendliche und Frauen lesen. ○
> es keine leidenschaftlichen Leser gibt. ○

> zu viel und zu oft gelesen wird. ○
> es viele Bücher über die Aufklärung gibt. ○

9 **„... ausgerechnet die Aufklärung bekommt Bedenken, ob das Lesen nicht eher schädliche als nützliche Folgen habe." (Zeile 64–65) Welches Gefühl drückt der Autor mit *ausgerechnet* aus?**

> Ärger ○
> Überraschung ○

> Freude ○
> Langeweile ○

10 **Warum benutzt der Autor hier die Partikel *ausgerechnet* in Bezug auf die *Aufklärung*?**

....

....

....

> **TIPP**
>
> Informieren Sie sich ggf. über das *Zeitalter der Aufklärung*, z. B. in Wikipedia.

11 **Warum wurde speziell das Romane-Lesen kritisiert? Notieren Sie Ihre Vermutungen.**

....

....

....

12 Beantworten Sie die Fragen zu dem Satz „..., gab es damals schon die Differenzierungen in der Leserschaft, über die man heute so erschrocken zu sein vorgibt." (Zeile 53–54)

a Wer ist mit *man* gemeint?

> der Autor ○
> der Nichtleser ○
> die bürgerliche Schicht ○
> die Gesellschaft ○

b Was bedeutet der Ausdruck *erschrocken zu sein vorgeben*?

> Man ist beruhigt. ○
> Man ist erschrocken. ○
> Man behauptet, beruhigt zu sein. ○
> Man behauptet, erschrocken zu sein. ○

13 Welche Bedeutung hat der Satz „Die Befürchtung ist nicht von der Hand zu weisen"? (Zeile 61–62)

> Die Befürchtung ist unangenehm. ○
> Die Befürchtung ist nicht unbegründet. ○
> Die Befürchtung ist unwichtig. ○
> Die Befürchtung ist falsch. ○

14 „Diese Trends setzen sich bis in die Gegenwart fort und verschärfen sich langsam." (Zeile 57) Welche Trends sind gemeint?

....

....

....

15 Welcher Pfeil repräsentiert den Ausdruck *sich langsam verschärfen*?

○   ○   ○   ○

16 „Es sind Entwicklungen, die in allen Industriestaaten beobachtet werden und die in modernen Gesellschaften auch hingenommen werden können." (Zeile 57–59) Welche Bedeutung hat das Verb *hinnehmen*?

Es sind Entwicklungen, die ...

> man akzeptieren kann. ○
> man ablehnen kann. ○

> man ignorieren kann. ○
> man stoppen kann. ○

17 „Philosophen, Publizisten, Pädagogen und Geistliche machten Front gegen das extensive und exzessive Lesen, ..." (Zeile 65–67) Welche Bedeutung haben die Begriffe *extensiv* und *exzessiv*? Ordnen Sie zu.

extensiv   exzessiv

....

....

TIPP

Sehen Sie ggf. in einem Synonymwörterbuch nach oder bei www.duden.de.

umfassend   leidenschaftlich   umfangreich   maßlos

Gesamtverständnis überprüfen

1 Verbinden Sie die passenden Sätze und notieren Sie die Absatznummern, die zu den Sätzen passen.

Absatz 4

Das Internet ist keine Alternative zum Lesen, denn wer das Internet benutzt, liest auch.

Es ist kein Problem, wenn es in einer modernen Gesellschaft ein Drittel Nichtleser gibt.

Studien haben ergeben, dass die Deutschen hauptsächlich lesen, um gezielt Informationen zu erhalten.

Die Lektüre von Romanen zur Bildung ist dagegen zurückgegangen.

Das ist kein Problem der heutigen Gesellschaft, sondern das war schon immer so.

Das wurde durch Studien belegt: Die Lesezeit hat trotz der neuen Medien nicht abgenommen.

2 Wie ist die Meinung des Autors zur Entwicklung des Leseverhaltens?

> Er kann akzeptieren, dass es viele Nichtleser gibt. ○
> Er meint, dass die Zahl der gelegentlichen Leser steigen muss. ○
> Er hat keine Meinung zum Leseverhalten. ○
> Er ist dafür, dass alle Menschen extensiv lesen sollen. ○

3 Argumentationsstruktur rekonstruieren: Jeder der 11 Sätze hat einen Bezug zu je einem der 11 Absätze des Textes. Nummerieren Sie die Kästchen in der Reihenfolge, wie sie im Gesamttext vorkommen.

☐ Die Statistik zeigt sogar, dass etwa 20 Prozent der Deutschen gerne lesen.

☐ Zwar gibt es viele Bücher, aber es ist nicht klar, ob es auch viele Leser gibt.

☐ In der Gesellschaft wurde schon lange diskutiert, ob Lesen schädlich ist.

☐ Umfragen zeigen, dass die Deutschen immer noch viel lesen.

☐ Es gibt in der Gesellschaft auch Menschen, die nicht lesen. Das ist jedoch schon immer so gewesen.

☐ Zu einer Wertschätzung des Lesens ist es erst in neuerer Zeit gekommen.

☐ Das Leseverhalten hat sich verändert: Die Leser lesen, um den Texten Informationen zu entnehmen.

1 In Deutschland erscheinen zunehmend mehr Bücher. Zudem wird der Kauf von Büchern durch eine gute Organisation unterstützt.

☐ Man nahm an, dass man vereinsamt und für das praktische Leben untauglich wird, wenn man zu viele Bücher lesen würde.

☐ Der Staat unterstützt die Publikation von Büchern: Es ist durch Gesetze festgelegt, dass Bücher überall gleich viel kosten, für Bücher muss man nicht so viel Mehrwertsteuer bezahlen und in öffentlichen Bibliotheken kann man kostenlos Bücher ausleihen.

☐ Man kann feststellen, dass ein Deutscher durchschnittlich etwa 30 Minuten pro Tag liest.

4 Sie haben auf Seite 13 bei Aufgabe 4 Fragen zum Text formuliert. Markieren Sie im Text, welche Antworten Sie auf Ihre Fragen gefunden haben, und schreiben Sie die Antworten in korrekten Sätzen. Haben Sie etwas Neues gelernt? Nutzen Sie ein gesondertes Blatt Papier und notieren Sie auch Ihre neuen Erkenntnisse.

Wortschatz erweitern

1 Verneinungen mit *un*-: In Absatz 1–6 gibt es viele Verneinungen. Zwei können Sie auch mit *un*- verneinen. Schreiben Sie diese Verneinungen in das Diagramm.

nicht notwendig (Zeile 22)   nicht schlecht (Zeile 29)   nicht bestätigt (Zeile 33)

~~nicht~~ gern (Zeile 23)   nicht wesentlich (Zeile 31)   nicht verschwunden (Zeile 38–39)

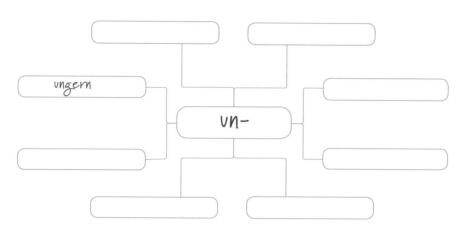

2 Ergänzen Sie das Diagramm mit eigenen Verneinungen mit *un*-.

3 Feste Verbindungen: Ordnen Sie die folgenden festen Verbindungen den Erklärungen zu.

auf einzigartige Weise (Zeile 14)   für kein oder sehr wenig Geld

praktisch kostenlos (Zeile 16)   beispiellos, einmalig

eine ganze Reihe (Zeile 17)   eine große Anzahl

in der Regel (Zeile 33)   normalerweise, fast immer

> **WORTGRUPPEN (FESTE VERBINDUNGEN) MERKEN**
>
> Neben Redewendungen, die meist eine sehr spezielle Bedeutung haben, gibt es Wortgruppen, die oft zusammen benutzt werden. Wenn Sie diese Wortgruppen beherrschen, können Sie Ihr Verständnis beim Lesen und Hören sehr entlasten.

4 Ergänzen Sie den Text mithilfe der festen Verbindungen aus Aufgabe 3.

Die Bibliotheken werden durch den Staat unterstützt. Deshalb können diese Bücher oft (1) ....

.... ausgeliehen werden. (2) .... kann man die Bücher einen

Monat behalten, danach muss man sie zurückgeben. Dieses System der staatlichen Bibliotheken fördert (3) ....

.... das Leseverhalten der Bürger. Leider ist es so, dass (4) ....

.... dieser Bücher verschmutzt zurückgegeben wird.

5 Welche Bedeutung hat die Redewendung *den Verdacht nähren*? (Zeile 20)

> verdächtig machen   ○
> skeptisch machen   ○
> hungrig machen   ○
> unruhig machen   ○

Arbeitstechniken wiederholen

1   Erschließung von unbekannten Wörtern: Ergänzen Sie die Sätze.   Infokasten Seite 11

Unbekannte Wörter lassen sich oft durch den (1) _____ oder durch die bishe-

rige (2) _____ erschließen. Insbesondere bei wissenschaftlichen Texten hilft

oft auch (3) _____, denn in diesen Texten werden Themen behandelt, über

die der Leser bereits einige Kenntnisse hat. Viele Wörter sind in verschiedenen Sprachen gleich oder zumindest

ähnlich. Daher lässt sich die Bedeutung von manchen Wörtern auch durch (4) _____

_____ enträtseln. Bevor Sie also zu einem Wörterbuch greifen, versuchen Sie diese Erschließungstechniken.

2   Was bedeutet es, einen Text *global* zu lesen?   Infokasten Seite 22

> Man liest nur die Überschriften, um einen Überblick zu bekommen.   ○
> Man liest den ganzen Text genau durch, um alles zu verstehen.   ○
> Man liest den Text schnell durch, um die wichtigsten Informationen zu finden.   ○
> Man liest nur Anfang und Ende des Textes, um das Thema zu verstehen.   ○

3   Kennzeichnen Sie mögliche Schlüsselwörter, die zu der Schlagzeile passen.   Infokasten Seite 10

E-Books in Bibliotheken
Nach sieben Tagen löscht sich das Buch
Bibliothekare diskutieren auf einer internationalen Konferenz über
die Möglichkeiten, E-Books in öffentlichen Bibliotheken zu verleihen.

Preise   Glück

Download

Fußball

illegal   Halbzeit

Copyright   Mannschaft   Verlage   E-Reader

Spiel   kopieren   Samstag

(Smartphone)   mobil   Computer   Saison

schießen   Schiedsrichter

online

4   Wie kann man den Satz „Auch für die künftigen Jahre lassen sich enorme   Infokasten Seite 19
**   Steigerungsraten voraussagen." (Zeile 4–5) grafisch darstellen?**

Zählen lernen

Zum wissenschaftlichen Lesen gehört auch immer das Schreiben. Markierungen im Text und Notizen in eigenen Worten können den Inhalt strukturieren und das Verständnis erleichtern.

DAS LERNEN SIE

- Zahlen, Ziffern und Nummern unterscheiden
- Partikeln unterscheiden
- Strukturen erschließen
- Abschnitte zusammenfassen
- Lange Sätze analysieren
- Aussagen einschränken
- Textbezüge analysieren
- Informationen strukturieren
- Den adverbialen Gebrauch von *überhaupt* verstehen
- Gedankenstriche verwenden

Einstieg

1 Versuchen Sie, Sätze mit den Zahlen 1, 2, 3, 4, 6 und 7 zu dem Bild zu schreiben.

....

....

....

....

....

....

2 Wo gibt es auf dem Bild eigentlich diese „Zahlen" genau? Sprechen Sie zunächst zu zweit und dann im Kurs.

3 Sehen Sie sich um. Welche „Zahlen" sehen Sie in Ihrer Umgebung? Nennen Sie eine Zahl. Die anderen Kursteilnehmer raten, welche Gegenstände Sie meinen.

Über Zahlen nachdenken

1 Wo tauchen Zahlen in unserem Alltag auf? Ergänzen Sie möglichst viele Begriffe.

Datum

ZAHLEN

2 Welche Dinge sind hier dargestellt? Ordnen Sie die Bilder den Begriffen zu.

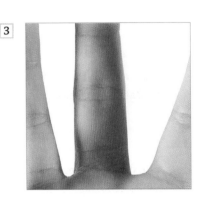

☐ Taschenrechner   ☐ Würfel   ☐ Finger   ☐ Computer   ☐ Abakus

3 Was kann man mit diesen Dingen machen? Notieren Sie die passenden Verben.
Manche Verben passen zu mehreren Dingen.

Taschenrechner: ....

Würfel: ....

Abakus: ....

Finger: ....

Computer: ....

zählen   rechnen

malen

essen   schreiben

kochen

spielen   arbeiten

4 In der Wortschlange sind elf Wörter zum Thema Zahlen versteckt. Markieren Sie diese Wörter.

UNZACHTNÖTHUNDERTGLONUMMERKLASWZIFFERNBTUHAMILLIONLEWIDNULLFERIGD

ABMATHEMATIKIKOTRECHNENBVPLKIZÄHLENQWERARITHMETIKÜGAMZWANZIGMAB

5 Schreiben Sie die Begriffe aus der Wortschlange zu den passenden Definitionen.

eine Zahl

acht.....................

das Verknüpfen von Zahlen,
z. B. 3 + 2 = 5

....

Schriftzeichen, die für die Darstel-
lung von Zahlen verwendet werden

....

eine Zahl, die etwas kennzeichnet,
z. B. eine Position oder Reihenfolge

....

die Lehre von den Zahlen und
ihren Verknüpfungen

....

ein Teilgebiet der Mathematik

....

Zahlen in einer Reihenfolge sagen,
z. B. 1, 2, 3, ...

....

die einzige Zahl, die weder positiv
noch negativ ist

....

> **ZAHLEN, ZIFFERN UND NUMMERN UNTERSCHEIDEN**
>
> Mit den Ziffern 0–9 werden Zahlen dargestellt, d. h. 8 ist eine Ziffer und eine Zahl. 32 dagegen ist eine Zahl, die aus zwei Ziffern besteht.
> Mit Nummern wird die Position oder die Reihenfolge von Gegenständen oder Personen bezeichnet, z. B. Hausnummern oder Telefonnummern.

6 Welcher Gegenstand zeigt welche Maßeinheit an? Verbinden Sie.

Liter   Grad Celsius

Meter   Sekunde

Kilogramm   Kilometer/Stunde

7 Notieren Sie weitere Maßeinheiten.

....

....

1 Der Titel des folgenden Textes ist *Zählen lernen*. Aus welchen Fachbereichen könnte der Text stammen? Was glauben Sie? Kreuzen Sie an.

○ Philosophie   ○ Physik   ○ Mathematik   ○ Germanistik
○ Pädagogik   ○ Wirtschaft   ○ Psychologie

2 Der erste Satz des Textes lautet „Wovon reden wir überhaupt, wenn wir von Zahlen reden?" Welche Bedeutung hat diese Frage?

> Kann man eigentlich mit Zahlen sprechen?   ○
> Was sind Zahlen eigentlich?   ○
> Sind Zahlen eigentlich wichtig?   ○
> Warum sprechen wir eigentlich immer über Zahlen? ○

PARTIKELN UNTERSCHEIDEN

Die Wörter *überhaupt* und *eigentlich* gehören zur Wortgruppe der Partikeln. Mit ihnen kann der Autor z. B. seine persönliche Einstellung ausdrücken, ohne dass der Inhalt des Satzes verändert wird.

3 Sprechen Sie zu zweit über die Frage und versuchen Sie eine Antwort zu finden. Machen Sie Notizen und vergleichen Sie Ihre Antworten im Kurs.

....

....

....

4 Lesen Sie den ersten Abschnitt des Textes bis Zeile 6. Die Frage wird hier noch näher beschrieben. Was genau fragen die Autoren?

> Warum brauchen die Menschen Zahlen?   ○
> Wie viele Zahlen sind bekannt?   ○
> Woher kommen Zahlen?   ○
> Was bedeuten Zahlen?   ○

Zählen lernen

Holm Friebe, Philipp Albers

Wovon reden wir überhaupt, wenn wir von Zahlen reden? Gibt es Zahlen in der Natur, und der Mensch hat sie nur entdeckt? Oder wurden sie irgendwann von ihm erfunden? Existieren Zahlen und ihre mathemati-
5   schen Relationen also unabhängig vom Menschen oder wurden sie erst durch ihn und die von ihm entwickel-ten Kulturtechniken und Symbolsysteme des Zählens und Rechnens erschaffen? Diese so einfache wie tief-gründige Frage ist ein altes und bis heute ungelöstes Rätsel, an dem sich Philosophen und Mathematiker seit der Antike die Zähne ausbeißen. So behauptete der britische Philosoph Bertrand Russell in seinen 1903 erschienenen ‚Principles of Mathematics': „Die Arithmetik muss genau in demselben Sinne entdeckt werden,
10 wie Kolumbus West-Indien entdeckte. Und wir schaffen die Zahlen so wenig, wie er die Indianer erschuf." Ein Paradebeispiel für die gegenteilige Auffassung lieferte der Mathematiker Richard Dedekind, der 1888 in seinem Werk ‚Was sind und was sollen die Zahlen?' schrieb: „Die Zahlen sind freie Schöpfungen des mensch-lichen Geistes, sie dienen als Mittel, um die Verschiedenheit der Dinge leichter und schärfer aufzufassen." Eine Art Kompromiss anzubieten versuchte der Mathematiker Leopold Kronecker, indem er 1886 in einem
15 Vortrag sagte: „Die ganzen Zahlen hat der liebe Gott gemacht, alles andere ist Menschenwerk."

1

Details verstehen, Hintergrundinformationen finden

1 Lesen Sie jetzt den ganzen Absatz und beantworten Sie die Fragen zu dem markierten Satz.

a Was bedeutet der Ausdruck *so ... wie ...*?

> weder ... noch ... ○
> entweder ... oder ... ○
> je ... desto ... ○
> sowohl ... als auch ... ○

c Welche Bedeutung hat der Ausdruck *tiefgründig*?

> tief ○
> bedeutungsvoll ○
> unbedeutend ○
> grundlos ○

b Was bedeutet die Redewendung *sich die Zähne an etwas ausbeißen*?

> etwas nicht essen wollen ○
> starke Schmerzen haben ○
> sich über etwas ärgern ○
> eine Aufgabe nicht lösen können ○

d Welchen Zeitraum umfasst die Antike? Recherchieren Sie ggf. im Internet.

> ca. 1200 v. Chr. bis 600 n. Chr. ○
> ca. 3000 v. Chr. bis 1200 v. Chr. ○
> ca. 100 v. Chr. bis 1200 n. Chr. ○
> ca. 600 n. Chr. bis 3000 n. Chr. ○

2 Die Autoren zitieren drei Ansichten zu der von ihnen gestellten Frage (Aufgabe 4, Seite 32). Markieren Sie die entsprechenden Textstellen mit Nummern wie im Beispiel.

3 Notieren Sie diese Ansichten in Ihren eigenen Worten.

1 Die Zahlen ....

....

....

2 ....

....

....

3 ....

....

STRUKTUREN ERSCHLIESSEN

Um einen Überblick über die inhaltliche Struktur eines Textes zu bekommen, können Sie die wichtigsten Aussagen farblich markieren und ihre Zusammengehörigkeit mit Zeichen (Pfeilen, Buchstaben, Nummern etc.) darstellen. Die Markierungen sollten jedoch nur die wichtigsten Inhalte betreffen. Wenn Sie zu viel markieren, wird es schnell unübersichtlich.

4 Welcher dieser Aussagen stimmen Sie zu? Diskutieren Sie im Kurs.

5 Informieren Sie sich über die drei Wissenschaftler im Internet und ordnen Sie die Aussagen den drei Personen zu.

Bertrand Russell: 4, _____   Richard Dedekind: _____   Leopold Kronecker: _____

1 stammte aus einer jüdischen Kaufmannsfamilie

3 erhielt 1950 den Nobelpreis für Literatur

5 spielte gut Cello und Klavier und hat eine Oper komponiert

2 war Doktor der Philosophie

4 setzte sich für Frieden und Abrüstung ein

6 hat nicht Philosophie studiert

Zählen lernen

Holm Friebe, Philipp Albers

Absatz 1

schon gelesen!

Wovon reden wir überhaupt, wenn wir von Zahlen reden? Gibt es Zahlen in der Natur, und der Mensch hat sie nur entdeckt? Oder wurden sie irgendwann von ihm erfunden? Existieren Zahlen und ihre mathematischen Relationen also unabhängig vom Menschen oder wurden sie erst durch ihn und die von ihm entwickelten Kulturtechniken und Symbolsysteme des Zählens und Rechnens erschaffen? Diese so einfache wie tiefgründige Frage ist ein altes und bis heute ungelöstes Rätsel, an dem sich Philosophen und Mathematiker seit der Antike die Zähne ausbeißen. So behauptete der britische Philosoph Bertrand Russell in seinen 1903 erschienenen ‚Principles of Mathematics': „Die Arithmetik muss genau in demselben Sinne entdeckt werden, wie Kolumbus West-Indien entdeckte. Und wir schaffen die Zahlen so wenig, wie er die Indianer erschuf." Ein Paradebeispiel für die gegenteilige Auffassung lieferte der Mathematiker Richard Dedekind, der 1888 in seinem Werk ‚Was sind und was sollen die Zahlen?' schrieb: „Die Zahlen sind freie Schöpfungen des menschlichen Geistes, sie dienen als Mittel, um die Verschiedenheit der Dinge leichter und schärfer aufzufassen." Eine Art Kompromiss anzubieten versuchte der Mathematiker Leopold Kronecker, indem er 1886 in einem Vortrag sagte: „Die ganzen Zahlen hat der liebe Gott gemacht, alles andere ist Menschenwerk."

Absatz 2

Noch heute stehen sich diese philosophischen Schulen der Zahlentheorie unversöhnlich gegenüber. Natürlich tauchen Zahlen nicht als Ziffern oder Nummern in der Natur auf, die Bäume im Wald sind nicht durchnummeriert und Kometen haben keinen eingebauten Tachometer, der ihre Geschwindigkeit anzeigt. Was es in der Natur gibt, sind Quantitäten, die Zahligkeit von Objekten, von Atomen, Sandkörnern, Regentropfen, Libellen und Menschen. Und dann gibt es in der Natur unbestreitbar unterschiedliche Bewegungszustände, Größenverhältnisse und Massen, die sich der Mensch erst mühsam in Referenzgrößen wie Meter, Sekunde und Kilo übersetzen musste – und auch deren genaue Definition wirft wieder ihre eigenen Probleme auf (...). Zwar ist das Universum mit seinen physikalischen Eigenschaften geprägt durch Muster und Verhältnisse von Gegenständen oder physikalischen Kräften, die sich in Zahlen darstellen lassen, doch erst der Mensch hat im Laufe seiner kulturellen Evolution den Umgang mit Zahlen und ihren komplexen Beziehungen zueinander, den wir Mathematik nennen, entwickelt.

Absatz 3

Diese Mathematik hat mittlerweile einen ganzen Zoo von Zahlen hervorgebracht, angefangen von den natürlichen über die rationalen und reellen Zahlen his hin zu den irrationalen, komplexen und imaginären Zahlen. Wir wollen uns hier nicht länger mit diesen metaphysischen und mathematischen Spitzfindigkeiten herumschlagen, denn den meisten Menschen bereitet bereits der Umgang mit den natürlichen, das heißt den ganzen positiven Zahlen 1, 2, 3, 4 und so weiter genügend Probleme. Die Existenz negativer Zahlen kennen wir vom Girokonto und rationale Zahlen können wir uns als Bruch mit Zähler und Nenner rational gerade noch so vorstellen. Aber damit hört das mathematische Verständnis bei den meisten auch schon auf.

Inhalte zusammenfassen, Details verstehen

1 Versuchen Sie, die Aussage der Autoren in Absatz 2 mit den dort markierten Wörtern in ein bis zwei Sätzen zu formulieren.

Der Autor schreibt, dass ....

....

....

....

ABSCHNITTE ZUSAMMENFASSEN

Zur Sicherung des Textverständnisses sollten Sie jeden Abschnitt mit eigenen Worten zusammenfassen. In der Zusammenfassung sollten nur die wichtigsten Informationen enthalten sein.

2 Welcher der drei Meinungen aus Absatz 1 stimmen die Autoren mit ihrer Aussage am ehesten zu? Wählen Sie aus.

> Bertrand Russell ○
> Richard Dedekind ○
> Leopold Kronecker ○

3 Mit welchem Satz lässt sich der Inhalt des dritten Absatzes am besten beschreiben? Wählen Sie aus.

> Viele Menschen haben Probleme mit der Mathematik, weil sie die Zahlen nicht verstehen. ○
> Negative und rationale Zahlen versteht man einfacher als komplexe und imaginäre Zahlen. ○
> In der Mathematik gibt es viele verschiedene Zahlen, die zum Teil sehr kompliziert sind. ○
> Es gibt unterschiedliche Arten von Zahlen, z. B. natürliche und rationale Zahlen. ○

4 Markieren Sie die unterschiedlichen Arten von Zahlen, die die Autoren in Absatz 3 nennen.

5 Das Zahlenzoo-Quiz: Schreiben Sie die passenden Zahlen von der Tafel zu den Erklärungen.

rationale Zahlen: alle Zahlen, die man als Bruch schreiben kann, z. B. ¾ ....

irrationale Zahlen: Zahlen, die unendlich viele Stellen nach dem Komma haben, z. B. ....

komplexe Zahlen: Zahlen, die aus Zahlen und Buchstaben bestehen, z. B. ....

negative Zahlen: Zahlen, die kleiner als Null sind, z. B. ....

imaginäre Zahlen: Zahlen, die mit Buchstaben dargestellt werden, weil man sie nicht kennt, z. B.

....

reelle Zahlen: alle rationalen und irrationalen Zahlen, z. B. ....

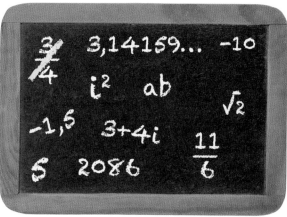

ganze Zahlen: natürliche und negative Zahlen, z. B.

....

Satzzusammenhänge verstehen

1 Schreiben Sie für den folgenden Satz vier kurze Sätze.

„Zwar ist das Universum mit seinen physikalischen Eigenschaften geprägt durch Muster und Verhältnisse von Gegenständen oder physikalischen Kräften, die sich in Zahlen darstellen lassen, doch erst der Mensch hat im Laufe seiner kulturellen Evolution den Umgang mit Zahlen und ihren komplexen Beziehungen zueinander, den wir Mathematik nennen, entwickelt." (Zeile 22–26)

Das Universum *ist mit seinen physikalischen Eigenschaften geprägt durch*

Muster und Verhältnisse von Gegenständen oder physikalischen Kräften.

Die Muster und Verhältnisse ....

....

Der Mensch ....

....

Den Umgang ....

....

LANGE SÄTZE ANALYSIEREN

Teilen Sie lange Sätze in mehrere kurze Sätze auf. Die sind dann leichter zu verstehen. Klären Sie dann die Bedeutung der kurzen Sätze und untersuchen Sie anschließend die Konnektoren, die die Einzelsätze verbinden. Welche logischen Verbindungen werden mit den Konnektoren ausgedrückt?

2 Beantworten Sie die folgenden Fragen zur Bedeutung dieser Ausdrücke.

a Was bedeutet der Ausdruck *etwas oder jemanden prägen*? (Zeile 23)

> etwas oder jemanden beeinflussen ○
> etwas oder jemanden stören ○
> etwas oder jemanden unterstützen ○
> etwas oder jemanden empfehlen ○

c Welche Bedeutung hat der Ausdruck *im Laufe*? (Zeile 24)

> vor ○
> nach ○
> während ○
> trotz ○

b Welche Bedeutung passt **nicht** zu dem Ausdruck *Umgang mit etwas haben*? (Zeile 25)

> sich mit etwas beschäftigen ○
> sich mit etwas auskennen ○
> sich mit etwas auseinandersetzen ○
> sich mit etwas befassen ○

d Was sind *komplexe Beziehungen*? (Zeile 25)

> schwierige Beziehungen ○
> vollständige Beziehungen ○
> einfache Beziehungen ○
> fehlende Beziehungen ○

3 Schreiben Sie den folgenden Satz mit allen angegebenen Konnektoren auf ein gesondertes Blatt Papier. Achten Sie dabei auf den logischen Grund-Folge-Zusammenhang.

Zwar ist die Mathematik sehr schwierig, doch ist sie auch sehr interessant.

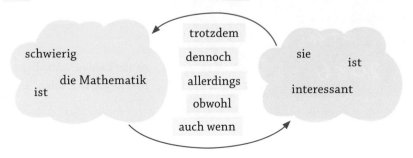

AUSSAGEN EINSCHRÄNKEN

Mit konzessiven Konnektoren schränkt man Aussagen ein. Es gibt einen Grund, aber die erwartete Folge trifft nicht zu. Nach *trotzdem*, *dennoch* und *allerdings* steht ein Hauptsatz, in dem die nicht erwartete Folge ausgedrückt wird. Nach *obwohl* und *auch wenn* steht ein Nebensatz, in dem der Grund genannt wird.

4 Welche Bedeutung haben die markierten Satzteile? Wählen Sie die passenden Ausdrücke und schreiben Sie den Satz noch einmal.

„Diese Mathematik hat mittlerweile einen ganzen Zoo von Zahlen hervorgebracht ..." *(Zeile 27)*

endlich	○	viele fremde Gruppen	○	erklärt	○
vor Kurzem	○	viele verschiedene Arten	○	gefunden	○
gerade	○	viele unbekannte Formen	○	produziert	○
inzwischen	○	viele seltene Exemplare	○	gesammelt	○

Diese Mathematik _____

5 Beantworten Sie die folgenden Fragen zu dem Satz „Wir wollen uns hier nicht länger mit diesen metaphysischen und mathematischen Spitzfindigkeiten herumschlagen ...". (Zeile 29–31).

a Welche Bedeutung passt **nicht** zu dem Begriff *Spitzfindigkeiten*?

> unnötige Details ○
> unwichtige Details ○
> unbekannte Details ○
> unbedeutende Details ○

b Wenn man sich mit etwas *herumschlägt*, dann heißt das, dass die Beschäftigung damit

> anstrengend ist. ○
> interessant ist. ○
> schmerzhaft ist. ○
> wichtig ist. ○

6 Was meinen die Autoren also mit „Wir wollen uns hier nicht länger mit diesen metaphysischen und mathematischen Spitzfindigkeiten herumschlagen, ..."? Schreiben Sie zwei Sätze.

....

....

7 Worauf bezieht sich das Wort *damit* in dem Satz „Aber damit hört das mathematische Verständnis bei den meisten auch schon auf."? (Zeile 35)

....

8 Ergänzen Sie die folgende Zusammenfassung von Absatz 3 mit den angegebenen Wörtern.

Anstrengung   Arten   Erfindung   erfunden   entdeckt   Mathematiker   Natur   Zahlen

Viele (1) .... und Philosophen beschäftigen sich seit 1200 v. Chr. mit der Frage, was

(2) .... eigentlich sind und woher sie kommen. Noch heute gibt es unterschiedliche Meinun-

gen dazu, ob Zahlen (3) .... werden mussten oder ob sie vom Menschen (4) ....

.... wurden. Man kann Zahlen in der (5) .... zwar nicht „sehen", aber

man kann Dinge und Größen mit Zahlen angeben. Die Beschäftigung mit Zahlen, d. h. die Mathematik, ist dage-

gen eine (6) .... des Menschen. In der Mathematik gibt es viele (7) ....

von Zahlen. Manche sind einfach zu verstehen, andere können sich die meisten Menschen nur mit großer (8)

.... oder gar nicht vorstellen.

Absatz 3 Die Existenz negativer Zahlen kennen wir vom Girokonto und rationale Zahlen können wir uns als Bruch mit
35 Zähler und Nenner rational gerade noch so vorstellen. Aber damit hört das mathematische Verständnis bei
den meisten auch schon auf.

Absatz 4 (_____)

Kleinkinder lernen in einem langwierigen Prozess von 1 bis 10 zu zählen, durch Aufsagen der Zählreihe und
gleichzeitiges Abzählen mit den Fingern, durch Merkverse und Abzählreime. Später kommen größere Zahlen
40 und elementare Rechenoperationen hinzu. So entwickeln Kinder ganz langsam eine Idee davon, wie Zahlen
funktionieren, und lernen, die Welt mit ihrer Hilfe zu begreifen. Dass wir uns das Reich der Zahlen auch in
seinen ganz basalen Einheiten und Funktionen erst mühsam aneignen müssen, war über Jahrzehnte die vor-
herrschende Überzeugung in der Entwicklungspsychologie. Besonders einflussreich war hier die konstruktivistische Theorie des Schweizer Psychologen Jean Piaget und sein Modell der kognitiven Entwicklung des
45 Menschen. Für Piaget ist das Gehirn des Neugeborenen ein unbeschriebenes Blatt, nur ausgestattet mit der
Fähigkeit zur Wahrnehmung, zur Steuerung des motorischen Apparats und mit einem allgemeinen Lern-
mechanismus. Durch Erfahrung passt sich das Kleinkind an die Gegebenheiten seiner Umwelt an und macht
sich nach und nach einen Begriff von der Welt. In einem relativ späten Stadium bildet es abstrakte Vor-
stellungen von Zahlen heraus.

Textbezüge verstehen

TEXTBEZÜGE ANALYSIEREN

Die Absätze eines Textes sind in der Regel durch bestimmte Wörter inhalt-lich miteinander verbunden. Sie stellen den Bezug zur Aussage des vorherigen Absatzes her.
Dieser Bezug kann gramma-tisch sein (z. B. durch Kon-nektoren, Pronomen, Adver-bien) oder thematisch (z. B. durch Wörter, die sich auf denselben Inhalt beziehen).

1 Lesen Sie Absatz 4. Mit welchem dieser Sätze beginnt der Absatz? Schreiben Sie den passenden Buchstaben in die Lücke.

A Neuere Untersuchungen der Kognitionsforschung und der Neuropsychologie deuten jedoch darauf hin, dass es auch einen vormathematischen Zugang zu Zahlen und Mengen gibt.

B Weil Erwachsene sich bereits derart schwertun, ging man lange Zeit davon aus, dass Neugeborene überhaupt keinen Begriff von unterschiedlichen Größen haben.

2 Welches Wort aus diesem ersten Satz stellt den Bezug zu Absatz 3 her?

....

3 Lesen Sie die Satzpaare und notieren Sie in der Tabelle die grammatischen und thematischen Verbindungswörter für jedes Paar.

a Zahlen sind in der Natur nicht sichtbar. Was wir allerdings sehen, ist z. B. die Anzahl der Bäume.
b Viele Menschen finden Mathematik sehr schwer. Ich dagegen finde zumindest Rechnen sehr einfach.
c Es gibt unterschiedliche Theorien über die Herkunft der Zahlen. Richard Dedekind sagte z. B., dass der Mensch sie erfunden hat.

	Satzpaar a	Satzpaar b	Satzpaar c
grammatisch	allerdings		
thematisch	Natur — Bäume Zahl — Anzahl		

Text analysieren

1 **Zu welchen Leistungen ist nach Piaget das Gehirn eines Neugeborenen fähig? (Zeile 45–49)**
Markieren Sie die passenden Begriffe.

fühlen

schmecken

lesen

riechen

sehen   schreiben

lernen

hören

sprechen

rechnen   bewegen

2 **Informieren Sie sich über die konstruktivistische Lerntheorie im Internet.**
Welche Aussage trifft *nicht* auf diese Theorie zu? Wählen Sie die passende Antwort.

> Das Wissen wird durch die Verarbeitung von Informationen gebildet.   ○
> Das Lernen eines Menschen hängt ab von seinen individuellen Erfahrungen.   ○
> Das Wissen eines Menschen ist individuell und nicht allgemeingültig.   ○
> Der Mensch lernt durch Belohnung und Bestrafung.   ○

3 **Lesen Sie den Anfang des fünften Absatzes. Welche Aussagen über das Verstehen von Zahlen**
stehen sich in Absatz 4 und 5 gegenüber?

Neuere Untersuchungen der Kognitionsforschung und der Neuropsychologie deuten jedoch darauf hin, dass   *Absatz 5*
es auch einen vormathematischen Zugang zu Zahlen und Mengen gibt. So haben Experimente gezeigt, dass
nicht nur Babys und Kleinkinder Größen voneinander unterscheiden können, sondern sogar verschiedene
Tierarten Gespür für die Zahligkeit unterschiedlich großer Mengen zu besitzen scheinen.

In Absatz 4 steht, dass ....

....

In Absatz 5 heißt es dagegen, dass ....

....

4 **Stellen Sie anhand der Stichworte Vermutungen über den weiteren Inhalt des fünften Absatzes an.**
Vergleichen Sie Ihre Ideen im Kurs.

Der Autor schreibt, dass ....   Hebel   trainieren

Tiere

....   lernen   Belohnung

....   Futter   drücken

Experiment

Absatz 5

50 Neuere Untersuchungen der Kognitionsforschung und der Neuropsychologie deuten jedoch darauf hin, dass es auch einen vormathematischen Zugang zu Zahlen und Mengen gibt. So haben Experimente gezeigt, dass nicht nur Babys und Kleinkinder Größen voneinander unterscheiden können, sondern sogar verschiedene Tierarten Gespür für die Zahligkeit unterschiedlich großer Mengen zu besitzen scheinen. Waschbären könn-

Exp. 1

ten zum Beispiel darauf trainiert werden, aus einer Reihe von Glaskästen immer denjenigen auszuwählen,

55 der drei Rosinen enthielt und nicht zwei oder vier. In den 1960er Jahren führte der amerikanische Tierpsychologe Francis Mechner Experimente durch, in denen Ratten lernten, zuerst einen Hebel vier Mal zu betätigen, bevor sie durch das Drücken eines zweiten Hebels Futter zur Belohnung erhielten. Zwar drückten die Laborratten den ersten Hebel nicht immer genau vier Mal, aber sie kamen der notwendigen Häufigkeit doch sehr nahe: 75 Prozent der Versuchstiere drückten zwischen drei und sechs Mal. Das Experiment funktio-

60 nierte sogar, wenn die Ratten den ersten Hebel acht Mal drücken sollten. Und vor kurzem wies eine Gruppe um den Würzburger Bienenforscher Jürgen Tautz nach, dass Bienen Schilder mit ein, zwei, drei oder vier darauf abgebildeten Objekten unterscheiden können. Die Schilder waren am Eingang von Plastikröhren aufgestellt. Nur am Ende der Röhre mit zwei abgebildeten Objekten war Futter platziert. Nach einigem Training flogen die Bienen zielsicher die Röhre mit diesem Schild an, auch wenn die dargestellten Symbole verändert

65 wurden und statt zwei blauer Punkte zwei grüne Blätter abgebildet waren.

Absatz 6

Die Evolution hat also das Gehirn mit der Fähigkeit ausgestattet, numerische Größen bis zu einem bestimmten Grad zu erfassen und zu verarbeiten. Das Rechengenie von angeblich mathematisch begabten Tieren wie dem „klugen Hans" – einem rechnenden Pferd, das vor etwa hundert Jahren Berühmtheit erlangte – beruhte dagegen zumeist auf Manipulationen durch den Versuchsleiter. Hatte das Tier durch entsprechendes Klopfen

70 mit den Hufen die richtige Antwort auf eine mehr oder weniger komplizierte Rechenaufgabe erreicht, signalisierte ihm ein unwillkürlich veränderter Gesichtsausdruck, dass es an der Zeit sei aufzuhören.

5 Lesen Sie Absatz 5 und 6. In Absatz 5 werden drei Experimente beschrieben. Markieren Sie die wesentlichen Informationen im Text und stellen Sie diese auf einem gesonderten Blatt Papier wie im Beispiel grafisch dar.

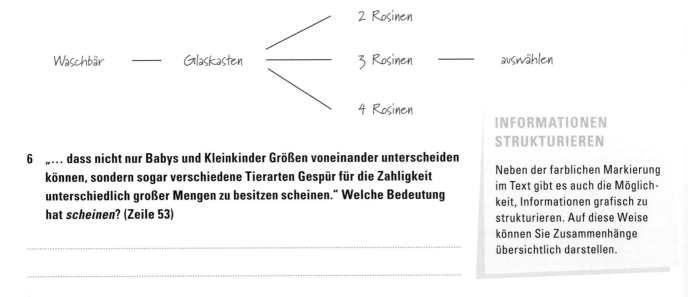

6 „... dass nicht nur Babys und Kleinkinder Größen voneinander unterscheiden können, sondern sogar verschiedene Tierarten Gespür für die Zahligkeit unterschiedlich großer Mengen zu besitzen scheinen." Welche Bedeutung hat *scheinen*? (Zeile 53)

....

....

INFORMATIONEN STRUKTURIEREN

Neben der farblichen Markierung im Text gibt es auch die Möglichkeit, Informationen grafisch zu strukturieren. Auf diese Weise können Sie Zusammenhänge übersichtlich darstellen.

7 Konnte der *kluge Hans* wirklich rechnen? (Zeile 67–71) Begründen Sie Ihre Antwort.

....

....

Wortschatz erweitern, Grammatikverständnis überprüfen

1 Welche Bedeutung haben die Ausdrücke *keinen Begriff von etwas haben* und *sich einen Begriff von etwas machen* in den zwei Sätzen?

Weil Erwachsene sich bereits derart schwertun, ging man lange Zeit davon aus, dass Neugeborene überhaupt keinen Begriff von unterschiedlichen Größen haben.

Durch Erfahrung passt sich das Kleinkind an die Gegebenheiten seiner Umwelt an und macht sich nach und nach einen Begriff von der Welt.

> etwas nicht gut können, unbegabt sein ○
> keine verschiedenen Dinge greifen können ○
> sich etwas nicht vorstellen können ○
> keinen Spaß oder kein Interesse haben ○

> etwas gut können, begabt sein ○
> verschiedene Dinge greifen können ○
> sich etwas vorstellen können ○
> an etwas Spaß oder Interesse haben ○

2 Ergänzen Sie die Sätze mit den passenden Ausdrücken von Aufgabe 1.

a Das Experiment mit den Waschbären ist sehr interessant. Aber viele können

sich nur schwer ....,

wie mühsam es war, die Waschbären für das Experiment zu trainieren.

b Die Zuschauer waren der Meinung, der „kluge Hans" könne rechnen, aber

eigentlich .... von Zahlen.

3 „..., dass Neugeborene überhaupt keinen Begriff von unterschiedlichen Größen haben." (Absatz 4) Welche Bedeutung hat *überhaupt* hier?

> wahrscheinlich ○
> vielleicht ○
> ganz und gar ○
> eigentlich ○

4 Mit welchen Satzzeichen kann man die Gedankenstriche in Absatz 6 ersetzen? (Zeile 68) Notieren Sie die passenden Satzzeichen.

....

5 An welcher Stelle können Gedankenstriche stehen? Schreiben Sie die Gedankenstriche in die passenden Lücken.

a Alle Wissenschaftler ( ) vor allem ( ) die Mathematiker ( ) beschäftigen
    sich ( ) mit Zahlen.
b Der Waschbär ( ) sollte ( ) einen Glaskasten ( ) auswählen, der ( ) eine
    Rosine ( ) nicht ( ) drei oder vier ( ) enthielt.
c In der Mathematik ( ) gibt es ( ) sehr viele Zahlen, die ich ( ) nicht verstehe
    ( ) und ( ) wohl ( ) auch nie ( ) verstehen werde.

DEN ADVERBIALEN GEBRAUCH VON *ÜBERHAUPT* VERSTEHEN

Als Adverb kann *überhaupt* für die Verstärkung einer Verneinung stehen und hat dann die Bedeutung von *(ganz und) gar*.

GEDANKENSTRICHE VERWENDEN

Gedankenstriche werden verwendet, um Textteile innerhalb eines Satzes vom restlichen Text abzugrenzen und dadurch hervorzuheben oder um eine Erklärung einzufügen. In der gesprochenen Sprache wird an der Stelle der Gedankenstriche eine hörbare Pause gemacht.
Innerhalb eines Satzes wird der Teil, der abgegrenzt werden soll, durch Gedankenstriche eingerahmt.
Ein einfacher Gedankenstrich trennt den Endteil vom Rest des Satzes und grenzt ihn dadurch ab.

Gesamtverständnis überprüfen, Arbeitstechniken wiederholen

1 Welche Absätze des Textes beschäftigen sich konkret mit dem Thema des Titels *Zählen lernen*? Kreuzen Sie an und vergleichen Sie Ihre Antworten im Kurs.

Absatz 1 ○   Absatz 2 ○   Absatz 3 ○   Absatz 4 ○   Absatz 5 ○   Absatz 6 ○

2 Ordnen Sie die Absätze den folgenden Themen zu.

Thema	Absatz	Thema	Absatz
Zahlenarten	3	Experimente mit Zahlen	
Anwendung von Zahlen		Theorien über Zahlen	
Ursprung der Zahlen		Psychologie und Zahlen	
Tiere und Zahlen		Verständnis von Zahlen	

3 Der Text ist Teil eines Buches mit dem Titel *Was Sie schon immer über 6 wissen wollten*. Steht dieser Text eher am Anfang, in der Mitte oder am Ende des Buches? Begründen Sie Ihre Vermutung.

Der Text steht eher ...., weil ....

....

4 Welche drei Schritte können Sie anwenden, um längere Sätze einfacher zu verstehen?   Infokasten Seite 36

1. Aufteilung in ....

2. ....

3. ....

5 Wie wird das Wort *überhaupt* in den folgenden Sätzen verwendet?   Infokasten Seite 32 und 41

	als Partikel	als Adverb
Viele Menschen haben überhaupt kein Problem mit Zahlen.		
Was hast du überhaupt nach dem Studium vor?		
Weiß deine Freundin überhaupt, wo du wohnst?		
Im Mathematikunterricht habe ich überhaupt nichts verstanden.		
Hast du überhaupt keine Angst vor der Prüfung?		

6 Worauf sollten Sie achten, wenn Sie einen Textabschnitt zusammenfassen?   Infokasten Seite 35

> so ausführlich wie möglich schreiben   ○
> nur die wichtigsten Informationen verwenden   ○
> auch Informationen der anderen Absätze verwenden   ○
> nur einen Satz schreiben   ○

Wie die Sprache das Denken formt

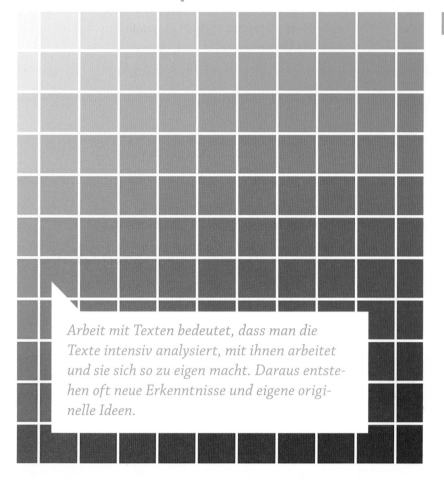

Arbeit mit Texten bedeutet, dass man die Texte intensiv analysiert, mit ihnen arbeitet und sie sich so zu eigen macht. Daraus entstehen oft neue Erkenntnisse und eigene originelle Ideen.

DAS LERNEN SIE

- Schwierige Textzusammenhänge grafisch darstellen
- Orientierend lesen
- Bedeutung mithilfe grammatischer Kenntnisse erschließen
- Textbezüge auflösen
- Texte funktional gliedern
- Informationen in Tabellen darstellen
- Texte durch eigene Randbemerkungen strukturieren
- Bedingungssätze erkennen
- Adjektive intensivieren

Einstieg

1 **Markieren Sie in dem Bild alle grünen Farbtöne und vergleichen Sie dann im Kurs.**

2 **Warum sind die Markierungen bei einigen Kursteilnehmern verschieden? Was glauben Sie?**

....

....

3 **Wo „liegt" die Vergangenheit? Vor Ihnen oder hinter Ihnen? Markieren Sie das Zutreffende und vergleichen Sie im Kurs.**

vorn

hinten

4 **Ein Experiment: Schließen Sie die Augen und zeigen Sie dann alle in Richtung Norden. Öffnen Sie die Augen. Warum wissen einige, wo Norden ist, warum einige nicht? Sprechen Sie darüber im Kurs.**

Über den Zusammenhang von Sprache und Denken nachdenken

1   Welcher Aussage können Sie zustimmen? Erklären Sie, warum.

A Die Sprache bestimmt, wie wir denken und unsere Umwelt interpretieren. Sprecher verschiedener Sprachen verstehen auch die Umwelt verschieden.

B Die Sprache hat sich aus dem Denken entwickelt. Sie ist der Umwelt angepasst, denn die Umwelt existiert auch ohne uns.

Ich denke, dass ....

....

....

....

2   Setzen Sie die drei grafischen Elemente mit Pfeilen in verschiedenen Farben in eine Beziehung, sodass sie Aussage A und B visualisieren.

SCHWIERIGE TEXTZUSAMMENHÄNGE GRAFISCH DARSTELLEN

Erinnern Sie sich? Um die Zusammenhänge zwischen Zahlen zu verstehen, sollten Sie versuchen, diese Zusammenhänge zu visualisieren (Seite 19). Das Gleiche gilt für Textzusammenhänge: Versuchen Sie, komplizierte Textaussagen grafisch darzustellen.

3   Der Titel des Textes heißt *Wie die Sprache das Denken formt*. Welcher Aussage stimmt der Text wahrscheinlich zu?

....

....

....

Informationen zum Thema sammeln

1 Lesen Sie in einem Lexikon über die folgenden Personen und ordnen Sie die biografischen Daten zu.

a Johann Gottfried Herder (1744–1803) ....

b Wilhelm von Humboldt (1767–1835) ....

c Edward Sapir (1884–1939) ....

d Benjamin Lee Whorf (1897–1941) ....

1 Er war Mitbegründer einer großen Universität in Berlin.

2 Eigentlich hat er in einer Versicherungsfirma gearbeitet und dort untersucht, warum Unfälle passieren.

3 Er war der Meinung, dass nicht Gott die Sprache den Menschen gegeben hat.

4 Die Erfahrungen bei der Arbeit für eine Versicherung ließen ihn vermuten, dass die Sprache unsere Wahrnehmung der Umwelt beeinflusst.

5 Er wurde bekannt durch seine Untersuchung der Sprache der nordamerikanischen Hopi-Indianer.

6 Er beherrschte viele Sprachen und gilt als Begründer der modernen vergleichenden Sprachwissenschaft.

7 Er war Anthropologe und Linguist.

8 Während eines Aufenthaltes in Paris befasste er sich mit amerikanischen Indianersprachen.

9 Er hat ein Buch über den Ursprung der Sprache geschrieben.

10 Die nach ihm und seinem Schüler benannte Hypothese wird als *linguistisches Relativitätsprinzip* bezeichnet.

11 Sprache war für ihn eine Möglichkeit des Menschen, sich die komplexe Welt anzueignen.

12 Eine der anderen hier genannten Personen war sein Schüler.

2 Welche Gemeinsamkeit gibt es bei allen vier Forschern?

....

3 Welchen Forschern würden Sie den folgenden Satz aus dem Text zuordnen?

„Die beiden untersuchten die Grammatik nordamerikanischer Indianer und mutmaßten: Wenn Menschen grundverschieden sprechen, dann denken sie auch unterschiedlich."

Der Satz könnte ....

....

4 Was möchten Sie wissen, wenn Sie den Text *Wie die Sprache das Denken formt* lesen? Notieren Sie mindestens zwei Fragen.

....

....

LEKTÜREVORBEREITUNG

Wiederholung: Was sollte man machen, bevor man mit der Lektüre eines wissenschaftlichen Textes beginnt? Die Aufgaben 1–3 und die Aufgabe 4 geben Ihnen Hinweise.

1. ....

....

2. ....

....

Text ohne Wörterbuch erschließen

1 Lesen Sie das Textfragment und beantworten Sie die Fragen zum Text.

Absatz 1   Menschen ...(1)... sprechen ...(2)... Sprachen. ...(3)... Strukturen prägen ...(4)... die Art und Weise, wie ...(5)... die Welt wahrnehmen.

Absatz 2   Pormpuraaw ...(6)... in Nordaustralien. ...(7)... ein fünf Jahre altes Mädchen, nach Norden zu zeigen. ...(8)... : Sie hat Recht. ...(9)... in die USA ...(10)... dieselbe Frage ...(11)... Hörsaal der Stanford University. ...(12)... Gelehrte; ...(13).... Ich bitte sie, ...(14)... nach Norden zu zeigen. ...(15)... deuten dann in alle möglichen Richtungen. ...(16)... nicht nur in Harvard und Princeton ...(17)..., sondern auch in Moskau, London und Peking – ...(18)... mit demselben Resultat.

Absatz 3   Eine Fünfjährige ...(19)... bestimmten Kultur bringt ...(20)... etwas fertig, was ...(21)... Forscher einer anderen Kultur überfordert. Was ist der Grund ...(22)...? ...(23)... Antwort ...(24)...: die Sprache. ...(25)..., ...(26)... Sprachunterschiede die Kognition beeinflussen, ...(27)... jahrhundertealt; ...(28)... Deutschland ...(29)... Johann Gottfried Herder (1744–1803) ...(30)... Wilhelm von Humboldt (1767– 1835). ...(31)... 1930er Jahren ...(32)... Edward Sapir (1884–1939) und Benjamin Lee Whorf (1897–1941) ...(33).... Die beiden ...(34)... Grammatik nordamerikanischer Indianer und ...(35)...: Wenn Menschen grundverschieden sprechen, dann denken sie auch unterschiedlich.

Absatz 1

Was ist wichtig für die menschliche Wahrnehmung der Welt?

....

Absatz 2

a Welche Aufgabe hatte das Mädchen in Australien?

....

b Konnte das Mädchen diese Aufgabe gut erledigen?

....

c Wo hat die Autorin das Experiment wiederholt?

....

d Was hat die Autorin in einem Hörsaal machen lassen?

....

e Was war das Resultat?

....

ORIENTIEREND LESEN

Es ist kein Problem, wenn Sie in einem Text nicht sofort alles verstehen. Benutzen Sie beim ersten Lesen auf keinen Fall ein Wörterbuch.
Wie Sie an dem Text oben erfahren, erfassen Sie den wesentlichen Sinn sogar, wenn Textteile fehlen.
Konzentrieren Sie sich deshalb zunächst auf das, was Sie verstehen. Oft erfassen Sie schon darüber die wesentlichen Aussagen des Textes.

Absatz 3

a Was konnte das fünfjährige Mädchen besser als die Forscher?

....

b Aus welchem Grund konnte das Mädchen das besser?

....

2 In welche der rot markierten Lücken des Textes auf Seite 46 passen die folgenden Satzteile? Schreiben Sie die Nummern der Lücken in die Kästchen.

☐ die Augen zu schließen und ☐ in ungeahntem Ausmaß ☐ Mein Kompass bestätigt

☐ ist eine kleine Siedlung der Aborigines am Westrand der Halbinsel Cape York ☐ Die Idee

☐ Viele weigern sich, weil sie keine Ahnung haben, wo Norden liegt. Die Übrigen denken eine Weile nach und

☐ für die höchst unterschiedliche kognitive Fähigkeit ☐ 1 leben in unterschiedlichen Kulturen und

☐ Vor mir sitzen angesehene, mehrfach ausgezeichnete ☐ wird sie oft den amerikanischen Linguisten

☐ manche besuchen seit 40 Jahren Vorträge in diesem Saal ☐ Nach meiner Rückkehr

3 Ergänzen Sie die folgenden Lücken des Textes auf Seite 46. Benutzen Sie dafür Ihre grammatischen Kenntnisse.

> Lücke 2 _____
> Lücke 3 _____
> Lücke 5 _____
> Lücke 10 _____
> Lücke 11 _____
> Lücke 19 _____
> Lücke 20 _____
> Lücke 21 _____
> Lücke 23 _____
> Lücke 24 _____
> Lücke 26 _____
> Lücke 27 _____
> Lücke 31 _____
> Lücke 34 _____
> Lücke 35 _____

4 Die grün markierten Lücken des Textes sind noch nicht gefüllt. Zwar haben Sie auch ohne die Kenntnis dieser Lücken den Text verstanden, aber versuchen Sie dennoch zu zweit zu überlegen, mit welchem Inhalt Sie diese Lücken schließen können.

BEDEUTUNG MITHILFE GRAMMATISCHER KENNTNISSE ERSCHLIESSEN

Viele Wörter können Sie erraten, wenn Sie die grammatischen Bezüge beachten.
Vor einem Substantiv steht in der Regel ein Artikelwort (**Die** Sprachen … – **Manche** Sprachen … – **Meine** Muttersprache …).
Zwischen einem Artikel und einem Substantiv steht oft ein Adjektiv, das dieses Substantiv erläutert (Die **beliebteste** Fremdsprache …).
Nach einem Substantiv steht oft ein Genitivattribut (… die Sprachen **der Inder** …), ein Präpositionalattribut (… die Erforschung **durch die Sprachwissenschaftler** …), ein Relativsatz (… die Sprachen, **die in Indien** …), W-Sätze (… in Indien, **wo es** ….) u. a.
Wenn Sie also Ihre grammatischen Kenntnisse aktivieren, können Sie vielleicht trotz unbekannter Satzteile erraten, ob Sie diesen Teil nachschlagen müssen oder ob Sie ihn überlesen können, weil er nicht so wichtig ist. Vielleicht gelingt es Ihnen auch, den Sinn aufgrund Ihrer Grammatikkenntnisse teilweise zu erraten.

Wie die Sprache das Denken formt

Lera Boroditsky

Absatz 1   Menschen leben in unterschiedlichen Kulturen und sprechen die verschiedensten Sprachen. Deren Strukturen prägen in ungeahntem Ausmaß die Art und Weise, wie wir die Welt wahrnehmen.

Absatz 2   Pormpuraaw ist eine kleine Siedlung der Aborigines am Westrand der Halbinsel Cape York in Nordaustralien. Ich bitte ein fünf Jahre altes Mädchen, nach Norden zu zeigen. Ohne zu zögern, deutet sie in eine bestimmte

5 Richtung. Mein Kompass bestätigt: Sie hat Recht. Nach meiner Rückkehr in die USA stelle ich dieselbe Frage in einem Hörsaal der Stanford University. Vor mir sitzen angesehene, mehrfach ausgezeichnete Gelehrte; manche besuchen seit 40 Jahren Vorträge in diesem Saal. Ich bitte sie, die Augen zu schließen und nach Norden zu zeigen. Viele weigern sich, weil sie keine Ahnung haben, wo Norden liegt. Die Übrigen denken eine Weile nach und deuten dann in alle möglichen Richtungen. Ich habe diesen Versuch nicht nur in Harvard und Princeton

10 wiederholt, sondern auch in Moskau, London und Peking – stets mit demselben Resultat.

Absatz 3   Eine Fünfjährige aus einer bestimmten Kultur bringt ohne Weiteres etwas fertig, was angesehene Forscher einer anderen Kultur überfordert. Was ist der Grund für die höchst unterschiedliche kognitive Fähigkeit? Die überraschende Antwort lautet: die Sprache. Die Idee, dass Sprachunterschiede die Kognition beeinflussen, ist an sich jahrhundertealt; in Deutschland vertraten sie vor allem Johann Gottfried Herder (1744–1803) und

15 Wilhelm von Humboldt (1767– 1835). Seit den 1930er Jahren wird sie oft den amerikanischen Linguisten Edward Sapir (1884–1939) und Benjamin Lee Whorf (1897–1941) zugeschrieben. Die beiden untersuchten die Grammatik nordamerikanischer Indianer und mutmaßten: Wenn Menschen grundverschieden sprechen, dann denken sie auch unterschiedlich.

Textanalyse

1 Sammeln Sie Informationen über die Autorin Lera Boroditsky im Internet.

> Wo arbeitet sie? ....

> Notieren Sie die Titel von zwei Publikationen der Autorin. ....

....

> Was ist ihr Spezialgebiet? ....

2 Lesen Sie den Text und beantworten Sie die Fragen zu den Textbezügen.

a Auf welches Substantiv bezieht sich *deren*? (Zeile 1)
> auf Kulturen   ○
> auf Sprachen   ○
> auf Strukturen   ○
> auf Menschen   ○

b „... bringt ohne Weiteres *etwas* fertig, ..." Was ist mit *etwas* gemeint? (Zeile 11)
> sich weigern, nach Norden zu zeigen   ○
> richtig nach Norden zu zeigen   ○
> in eine Richtung zu zeigen   ○
> die Augen zu schließen   ○

3 Zeichnen Sie wie im Beispiel die Bezüge der rot markierten Wörter für die Absätze 1–3 in den Text ein.

> TEXTBEZÜGE AUFLÖSEN
>
> Beim Lesen sollten Sie sich immer bewusst sein, auf wen oder was sich Pronomen und Adverbien beziehen. Wenn aufgrund der Grammatik mehrere Bezüge möglich sind, ist das manchmal nicht so einfach. Analysieren Sie dann den Kontext und zeichnen Sie die Textbezüge in den Text ein.

4 **Beantworten Sie die folgenden Fragen zum Textverständnis.**

a „... stelle ich *dieselbe* Frage ...“ (Zeile 5) Wie heißt diese Frage? Formulieren Sie sie.

....

b „...; manche besuchen seit 40 Jahren Vorträge in diesem Saal.“ (Zeile 6–7) Warum schreibt die Autorin, dass

manche seit 40 Jahren Vorträge in diesem Saal besuchen? Was glauben Sie?

....

....

c „... stets mit demselben Resultat.“ (Zeile 10) Schreiben Sie in einem Satz, welches Resultat gemeint ist.

....

5 **Die ersten drei Absätze haben unterschiedliche Funktionen. Ordnen Sie die Funktionen den Absätzen zu.**

Beispiel   Schlussfolgerung   These

Absatz 1: ....

Absatz 2: ....

Absatz 3: ....

6 **Unterstreichen Sie die für die jeweilige Funktion wichtigsten Teile der Absätze.**

7 **Der weitere Text ist in drei Absätze geteilt. Zu jedem Absatz gehört eine Zwischenüberschrift. Ordnen Sie die Überschriften den Sätzen zu.**

A Der Einfluss der Wörter
B Raum- und Zeitvorstellungen
C Was formt was?

☐ Die Aborigines sortierten die Karten weder grundsätzlich von links nach rechts noch umgekehrt, sondern stets von Osten nach Westen.

☐ Aber rufen nun Sprachunterschiede unterschiedliches Denken hervor – oder ist es eher umgekehrt?

☐ Mit Pirahã, einer in Amazonien beheimateten Sprache, könnte ich „42. Straße“ gar nicht ausdrücken, weil es darin keine exakten Zahlwörter gibt, sondern nur Bezeichnungen für „wenige“ und „viele“.

8 **Überlegen Sie in einer kleinen Gruppe, was wohl der Inhalt der verschiedenen Absätze sein könnte. Schreiben Sie zu jedem Absatz einen Satz.**

In dem Absatz „Der Einfluss der Wörter“ geht es vielleicht um

....

**TEXTE FUNKTIONAL
GLIEDERN**

Jeder Text lässt sich in funktionale Teile gliedern. Die Funktion der Teile zu erkennen hilft, die Bedeutung des Textes zu entschlüsseln.
Häufige Funktionen sind:
• These
• Gegenthese
• Beispiel
• Schlussfolgerung
Auch die Zwischenüberschriften geben wichtige Hiweise auf die Struktur und den Inhalt des Textes. Bevor Sie den Text lesen, lesen Sie die Zwischenüberschriften. Diese sollten Sie gut verstehen.

Der Einfluss der Wörter

Absatz 4

20 Rund um den Globus kommunizieren Menschen miteinander auf vielfältige Weise, und jede der schätzungs-
weise 7000 Sprachen verlangt von denen, die sie verwenden, ganz unterschiedliche Leistungen. Angenommen, ich möchte Ihnen mitteilen, dass ich Anton Tschechows Drama „Onkel Wanja" auf einer Bühne
in der 42. Straße New Yorks gesehen habe. Auf Mian, das in Papua-Neuguinea gesprochen wird, würde das
Verb aussagen, ob das Stück soeben, gestern oder vor langer Zeit gespielt wurde. Das Indonesische dagegen
25 gibt damit nicht einmal preis, ob die Aufführung bereits stattfand oder noch bevorsteht. Auf Russisch ent-
hüllt das Verb mein Geschlecht. Wenn ich Mandarin verwende, muss ich wissen, ob Onkel Wanja ein Bruder
der Mutter oder des Vaters ist und ob er blutsverwandt oder angeheiratet ist, denn für jeden dieser Fälle
gibt es einen speziellen Ausdruck.

Absatz 5 Tatsächlich besagt die chinesische Übersetzung eindeutig, dass Wanja ein Bruder der Mutter ist. Und mit
30 Pirahã, einer in Amazonien beheimateten Sprache, könnte ich „42. Straße" gar nicht ausdrücken, weil es darin
keine exakten Zahlwörter gibt, sondern nur Bezeichnungen für „wenige" und „viele". Sprachen unterscheiden
sich auf unzählige Arten voneinander, aber das muss nicht automatisch heißen, dass die Sprecher auch unterschiedlich denken. Lange war unklar, ob der Gebrauch von Mian, Russisch, Indonesisch, Mandarin oder Pirahã
wirklich zu jeweils eigenen Wahrnehmungen, Erinnerungen und Überlegungen führt. Doch zahlreiche For-
35 schungen – unter anderem in meinem Labor – haben inzwischen gezeigt, dass die Sprache sogar die grundle-
genden Dimensionen menschlicher Erfahrung prägt: Raum, Zeit, Kausalität und die Beziehung zu anderen.

Absatz 6 Kehren wir nach Pormpuraaw zurück. Anders als Englisch oder Deutsch enthält die dort gesprochene Sprache
Kuuk Thaayorre keine relativen Raumausdrücke wie links und rechts. Wer Kuuk Thaayorre spricht, gebraucht
absolute Hauptrichtungen wie Norden, Süden, Osten, Westen und so weiter. Zwar geschieht
40 das auch im Deutschen, aber nur bei großen Entfernungen. Wir würden beispielsweise nie
sagen: „Diese Banausen platzieren die Suppenlöffel südöstlich von den Gabeln!" Doch auf
Kuuk Thaayorre werden immer Himmelsrichtungen verwendet. Darum sagt man etwa
„Die Tasse steht südöstlich vom Teller" oder „Der südlich von Maria stehende Knabe ist
mein Bruder". Um sich in Pormpuraaw verständlich auszudrücken, muss man daher
45 immer die Windrose im Kopf haben.

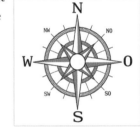

die Windrose

Informationen strukturieren

1   Ergänzen Sie die Tabelle mit den Informationen aus Absatz 4 zu den Sprachen *Mian, Indonesisch* und *Russisch*.

Sprache	Aussage des Verbs	Zeile
Mian	*das Stück wurde soeben, gestern, vor langer Zeit gespielt*	*23–24*

INFORMATIONEN IN TABELLEN DARSTELLEN

Eine weitere Möglichkeit, sich einen Überblick über einen informationsreichen Text zu verschaffen, ist die Verwendung von Tabellen: Strukturieren Sie Informationen in Tabellen. Damit können Sie oft auf einen Blick erkennen, wie verschiedene Informationen zusammenhängen.

2   Strukturieren Sie jetzt in einer Tabelle die Aussagen zu den Sprachen *Mandarin*, *Pirahã* und *Kuuk Thaayorre*. Benutzen Sie ein gesondertes Blatt Papier.

Raum- und Zeitvorstellungen

In den vergangenen zwei Jahrzehnten haben Stephen C. Levinson vom Max-Planck-Institut für Psycholinguis-   *Absatz 7*
tik in Nimwegen (Niederlande) und John B. Haviland von der University of California in San Diego nachge-
wiesen, dass Menschen, die Sprachen mit absoluten Richtungen verwenden, auffallend gut in unbekannten
Gegenden oder Gebäuden zurechtkommen. Sie orientieren sich besser als Personen, die dort zu Hause sind,   50
aber nicht solche Sprachen sprechen – ja sogar besser, als die Forscher dies für menschenmöglich gehalten
hatten.

Die Erfordernisse dieser Sprachen erzwingen und trainieren demnach eine erstaunliche kognitive Fertigkeit.   *Absatz 8*
Wer anders über den Raum denkt, hat vielleicht auch eine andere Zeitvorstellung. Meine Kollegin Alice Gaby
von der University of California in Berkeley und ich legten daher Kuuk Thaayorre sprechenden Aborigines   55
Bildfolgen vor, die Zeitabläufe zeigten: Ein Mann altert, ein Krokodil wächst, eine Banane wird verspeist.
Dann baten wir sie, die durchmischten Fotos zeitlich zu ordnen. Wir führten den Test je zweimal durch, wobei
die Person jedes Mal in eine andere Himmelsrichtung schaute. Jemand, der Englisch oder Deutsch spricht,
ordnet die Bilder so, dass die Zeit von links nach rechts fortschreitet. Hebräisch oder Arabisch Sprechende
legen die Karten eher von rechts nach links.   60

Dies zeigt, dass die Schreibrichtung beeinflusst, wie wir Zeit organisieren. Doch die Aborigines sortierten die   *Absatz 9*
Karten weder grundsätzlich von links nach rechts noch umgekehrt, sondern stets von Osten nach Westen.
Wenn die Testperson so saß, dass sie nach Süden schaute, verliefen die Karten von links nach rechts. Schaute
sie nach Norden, ordnete sie die Bilder von rechts nach links. Hatte die Person Osten vor sich, lief die Karten-
folge auf den Körper zu, und so weiter. Dabei sagten wir den Probanden nie, welche Himmelsrichtung sie vor   65
sich hatten – die Aborigines wussten das ohnehin. (...)

---

3 **Ähnlich wie die Absätze 1–3 haben auch die Absätze 7–9 bestimmte Funktionen. Lesen Sie den Text
und formulieren Sie zu jeder Funktion die wesentliche Aussage.**

> Beispiel *Menschen, die absolute Richtungen verwenden, orientieren
  sich besser im Raum.*

> These

> Experiment

> Ergebnis 1

> Einschränkung

> Ergebnis 2

**TEXTE DURCH EIGENE
RANDBEMERKUNGEN
STRUKTURIEREN**

Verschaffen Sie sich einen Überblick über den Inhalt eines Textes, indem Sie am Rand notieren,
welche Funktion der Autor mit
den jeweiligen Textteilen verbindet. Unterstreichen Sie dann die
Teile, die diese Funktion wiedergeben, oder formulieren Sie die
relevanten Textteile mit eigenen
Worten um, die Sie am Rand des
Textes notieren.

4 **Fassen Sie die wichtigsten Aussagen zusammen, indem Sie die folgenden Sätze ergänzen.**

> Die Raumvorstellungen beeinflussen

> Die Schreibrichtung beeinflusst

> Aborigines ordnen

Was formt was?

Absatz 10 Aber rufen nun Sprachunterschiede unterschiedliches Denken hervor – oder ist es eher umgekehrt? Wie
sich zeigt, trifft beides zu: Unsere Denkweise prägt die Art, wie wir sprechen, aber der Einfluss wirkt auch in
70 der Gegenrichtung. Bringt man Menschen zum Beispiel neue Farbwörter bei, verändert dies ihre Fähigkeit,
Farben zu unterscheiden. ....

....

(...)

Absatz 11 Selbst wenn Menschen einfache Aufgaben lösen – etwa Farbflecken unterscheiden, Punkte auf einem Bild-
75 schirm zählen oder sich in einem kleinen Raum orientieren –, brauchen sie die Sprache. Wie meine Kollegen
und ich herausgefunden haben, sinkt die Fähigkeit, solche Aufgaben auszuführen, wenn man den Zugriff
auf die Sprachfertigkeit einschränkt. ....

....

Absatz 12 All diesen Forschungsergebnissen zufolge wirken die Kategorien und Unterscheidungen, die in speziellen
80 Sprachen existieren, stark auf unser geistiges Leben ein. Was die Forscher „Denken" nennen, ist offenbar in
Wirklichkeit eine Ansammlung linguistischer und nichtlinguistischer Prozesse. Demnach dürfte es beim
Erwachsenen kaum Denkvorgänge geben, bei denen die Sprache keine Rolle spielt. ....

....

85 Eine Folge dieser Flexibilität ist die enorme Vielfalt der Sprachen. Jede enthält eine Art und Weise, die Welt
Absatz 13 wahrzunehmen, sie zu begreifen und mit Bedeutung zu füllen – ein unschätzbarer Reiseführer, den unsere
Vorfahren entwickelt und verfeinert haben. Indem Wissenschaftler erforschen, wie die Sprache unsere
Denkweise formt, enthüllen sie, wie wir Wissen erzeugen und die Realität konstruieren. ....

....

(...)

Details verstehen

**1 Die letzte Zwischenüberschrift heißt *Was formt was?* Für welche Begriffe stehen die beiden *Was*?
Was glauben Sie?**

....

2 Schreiben Sie jetzt diese Zwischenüberschrift in einem korrekten Fragesatz.

....

....

3 Ordnen Sie die jeweils letzten Sätze der Absätze den passenden Lücken zu.

A Diese Erkenntnis wiederum hilft uns zu verstehen, was uns zu Menschen macht.

B Lehrt man sie, auf eine neue Weise über Zeit zu sprechen, so beginnen sie, anders darüber zu denken.

C Ein Grundzug menschlicher Intelligenz ist ihre Anpassungsfähigkeit – die Gabe, Konzepte über die Welt
zu erfinden und so abzuändern, dass sie zu wechselnden Zielen und Umgebungen passen.

D Dies lässt sich bewerkstelligen, indem man die Versuchsperson zugleich mit einer anspruchsvollen
verbalen Aufgabe wie dem Wiederholen einer Nachrichtensendung konfrontiert.

4 Was ist mit *Gegenrichtung* in dem folgenden Satz gemeint? „Unsere Denkweise prägt die Art, wie wir sprechen, aber der Einfluss wirkt auch in der Gegenrichtung." (Absatz 10) Schreiben Sie den Satz ohne das Wort *Gegenrichtung*.

....

....

....

5 Was bedeutet der Ausdruck „Dies lässt sich bewerkstelligen …"? (Absatz 11)

> man kann das machen   ◯
> man kann das anfertigen   ◯
> man kann das hinstellen   ◯
> man kann das kaputt machen ◯

6 Worauf bezieht sich *dies* im selben Satz?

....

....

7 „Ein Grundzug menschlicher Intelligenz ist ihre Anpassungsfähigkeit – die Gabe, Konzepte über die Welt zu erfinden und so abzuändern, dass sie zu wechselnden Zielen und Umgebungen passen." (Absatz 12) Welche Beziehung besteht zwischen dem Teilsatz vor und nach dem Gedankenstrich?

....

....

| TIPP |
| Lesen Sie den Infokasten auf Seite 41. |

8 Der folgende Text ist eine Zusammenfassung der Absätze 10–13.
Lesen Sie diese Absätze noch einmal und ergänzen Sie die Lücken.

Im letzten Teil ihres Essays beschäftigt sich die Autorin mit der Frage, ob das (1) .... die

(2) .... oder die (3) .... das (4) .... bestimmt. Die Antwort auf

diese Frage ist, dass eine Beeinflussung in beide (5) .... erfolgt. Das Denken beeinflusst unsere

Sprache, aber auch das Denken wird zum Beispiel durch den Erwerb neuer (6) .... beeinflusst.

Auch in Experimenten konnte die Autorin zeigen, dass Denken und Sprechen eng verbunden sind. Wenn die

(7) .... durch Sprechen abgelenkt wurden, konnten sie selbst einfache Denkaufgaben nicht mehr

gut lösen. Wahrscheinlich ist es daher so, dass bei jedem (8) .... auch Sprache benötigt wird.

Denkprozesse werden durch verschiedene sprachliche Kategorien beeinflusst.

Die menschliche (9) .... passt sich an wechselnde Umgebungen an. Diese Anpassung geschieht

über verschiedene sprachliche Konzepte. Die Anpassung an verschiedene Umwelten führte zu der Entwicklung

einer (10) .... von Sprachen.

Gesamtverständnis überprüfen

1 Kombinieren Sie die richtigen Sätze.

1 Die Idee, dass Sprache das Denken beeinflusst, ist sehr alt.

2 Angehörige verschiedener Kulturen werden durch die Sprache in ihrem Denken beeinflusst.

3 Es gibt Sprachen, die für Raumangaben keine relativen, sondern absolute Richtungen benutzen.

4 Das kleine Mädchen konnte sofort zeigen, wo Norden ist.

5 Bei Zeitangaben benutzen unterschiedliche Sprachgemeinschaften ebenfalls verschiedene Kategorien.

6 Selbst einfache Sätze kann man nicht in jeder Sprache in der gleichen Weise ausdrücken.

a Beispielsweise kann man mit einer Sprache aus Amazonien keine exakten Zahlwörter benennen.

b Diese Theorie wurde schon von deutschen Sprachwissenschaftlern im 18. Jahrhundert aufgestellt.

c Berühmte Wissenschaftler dagegen konnten nicht die richtige Himmelsrichtung angeben.

d Einige Kulturen lokalisieren die Vergangenheit immer östlich des Sprechers.

e Aber auch umgekehrt gibt es eine Beeinflussung: Das Denken bestimmt, wie wir sprechen.

f Statt rechts und links benutzen sie auch bei geringen Entfernungen westlich, östlich usw. von.

1 + b

2 Suchen Sie passende Textstellen zu den folgenden Funktionen des Textes.

a Die Autorin leitet ein Beispiel ein. (Absatz 4)

Angenommen, ich möchte Ihnen mitteilen, dass ich Anton Tschechows Drama „Onkel Wanja" auf einer Bühne in der 42. Straße New Yorks gesehen habe.

b Die Autorin schränkt ihre These ein. (Absatz 5)

c Die Autorin drückt einen Gegensatz aus. (Absatz 6)

d Die Autorin hebt eine Aussage besonders hervor. (Absatz 7)

e Die Autorin fasst Ergebnisse zusammen. (Absatz 12) Es gibt zwei Antworten.

Wortschatz erweitern, Grammatikverständnis überprüfen

BEDINGUNGSSÄTZE
ERKENNEN

1   Konditionale Konjunktionen: Markieren Sie die Konjunktionen, die eine konditionale Bedeutung haben.

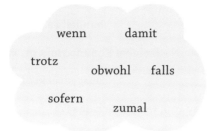

wenn   damit

trotz   obwohl   falls

sofern

zumal

Das Verb in Position 1 leitet normalerweise einen Fragesatz oder einen Befehlssatz ein. Der Satz *Regnet es, nehme ich einen Regenschirm mit.* ist jedoch weder ein Fragesatz noch ein Befehlssatz. Vielmehr handelt es sich um einen Bedingungssatz (oder Konditionalsatz). In dem Satz mit dem Verb am Anfang wird eine Bedingung formuliert, die eine andere Handlung zur Folge hat. Eine andere Möglichkeit, den Inhalt auszudrücken, wäre: *Wenn es regnet, ...* Das Verb in Position 1 ersetzt also eine konditionale Konjunktion.

2   Formulieren Sie die folgenden beiden Sätze (aus Absatz 10) mit konditionalen Konjunktionen um.

a   „Bringt man Menschen zum Beispiel neue Farbwörter bei, verändert dies ihre Fähigkeit, Farben zu unterscheiden."

....

....

b   „Lehrt man sie, auf eine neue Weise über Zeit zu sprechen, so beginnen sie, anders darüber zu denken."

....

....

3   Versuchen Sie, die linken mit den rechten Wörtern korrekt zu verbinden.

ADJEKTIVE
INTENSIVIEREN

> über   zitiert
> brand   neu
> grund   bekannt
> viel   krank
> hoch   durchschnittlich
> schwer   solide
> welt   begabt

Adjektive können verstärkt (intensiviert) werden, indem man sie mit anderen Adjektiven oder mit Substantiven kombiniert. So ist es möglich, etwas sehr kurz auszudrücken, für das man sonst einen ganzen Satz schreiben müsste. Beispiel: steinhart – etws ist so hart wie ein Stein.

4   Lösen Sie das intensivierte Adjektiv in dem folgenden Satz auf.

„Sie orientieren sich besser, als ... die Forscher dies für *menschenmöglich* gehalten hatten." (Zeile 50–52)

Die Forscher hielten es .... ,dass ....

....

5   Worauf bezieht sich *dies* in dem Satz: „Dies zeigt, dass die Schreibrichtung beeinflusst, wie wir Zeit organisieren." ? (Zeile 61)

....

Arbeitstechniken wiederholen

1 Ergänzen Sie den Text.

Infokasten Seite 47

Viele unbekannte Wörter können Sie erschließen, ohne ein Wörterbuch zu benutzen. Analysieren Sie dazu die

(1) .... Bezüge: Um welche (2) .... handelt es sich? Vor einem (3) ....

.... kann ein Artikelwort oder ein Adjektiv stehen. Nach einem Komma steht oft eine (4) ....

Welche logische Verbindung wird mit dieser (5) .... ausgedrückt? Nach einem Komma kann auch

ein (6) .... satz stehen. Kennzeichnen Sie dann, worauf sich das (7) .... pronomen bezieht.

Nach einem (8) .... steht häufig ein Genitivattribut oder ein Präpositionalattribut. Überlegen

Sie in beiden Fällen, auf welche Weise diese Satzteile das vorhergehende (9) .... modifizieren.

2 Zum Textverständnis ist es wichtig zu verstehen, auf wen oder was sich die Pronomen und Adverbien beziehen. Lesen Sie nach und lösen Sie die folgenden Textbezüge auf.

Infokasten Seite 48

a „Das Indonesische dagegen gibt *damit* nicht einmal preis, ...“ (Zeile 24–25)

damit = mit dem Verb

b „Und mit Pirahã, ..., könnte ich ,42. Straße' gar nicht ausdrücken, weil es *darin* keine exakten Zahlwörter

gibt, ...“ (Zeile 29–31)

c „Zwar geschieht *das* auch im Deutschen, ...“ (Zeile 39–40)

3 Ordnen Sie die Informationen aus dem Text in einer übersichtlichen Form. Benutzen Sie dafür ein gesondertes Blatt Papier.

Infokasten Seite 50

Sprachen der Welt

Man schätzt, dass es weltweit etwa 6500–7000 Sprachen gibt. Die Hälfte der Erdbevölkerung spricht etwa 10 dieser Sprachen. Die größte Sprecheranzahl hat Mandarin-Chinesisch, denn es wird von ca. 760 Millionen (Mio.) Menschen gesprochen. Englisch, von dem viele wahrscheinlich geglaubt haben, dass es an erster Stelle steht, wird nur von 430 Mio. Menschen gesprochen. Auch Deutsch ist mit 121 Mio. Sprechern unter den größten 10 Sprachen, nämlich auf dem letzten Platz. Überraschenderweise rangiert das Japanische mit 164 Mio. Sprecher sogar einen Rang vor dem Deutschen. Weniger überraschend ist, dass Spanisch unter den Top 3 ist: Weltweit wird es von 266 Mio. Menschen gesprochen. Der indische Subkontinent mit seiner Sprachenvielfalt und der großen Bevölkerung darf natürlich nicht fehlen: Hindi (182 Mio.) rangiert einen Rang hinter Spanisch und Bengali (160 Mio.) belegt Platz 7. Überraschend ist auch die Position von Portugiesisch: Das kleine Land Portugal hat nur eine geringe Einwohnerzahl, aber Portugiesisch wird auch in einigen Ländern Afrikas und vor allem in Brasilien gesprochen. So belegt diese Sprache mit 165 Mio. Sprechern Platz 6. Davor Arabisch mit 181 Mio. Sprechern. Russisch mit 158 Mio. Sprechern liegt auf Platz 8. Auf der anderen Seite gibt es 455 Sprachen, die von weniger als 100 Personen gesprochen werden. Diese Sprachen gehören wahrscheinlich zu den aussterbenden Sprachen.

Übungstext 3

Holz statt Stahl und Beton

Lesen lernt man durch Lesen. Lesen Sie jeden Tag deutsche Texte zu Ihrer Studienrichtung. So werden Sie mit den Fachwörtern vertraut. Sie werden schnell feststellen, dass Fachartikel leichter zu verstehen sind als Romane und andere poetische Texte.

DAS LERNEN SIE

- Fachwörterbücher benutzen
- Lange Fachbegriffe auflösen
- Verständnis von Fachbegriffen vorbereiten
- Assoziogramme anlegen
- Unbekannte Wörter erschließen
- Bekannte Textteile markieren
- Zielgerichtet lesen
- Hintergrundinformationen recherchieren
- Miteinander verbundene Beziehungen beschreiben
- Die Verwendung von Anführungs- zeichen verstehen
- Linkserweiterungen analysieren
- Grund-Folge-Verhältnisse verstehen

Einstieg

1 Was sehen Sie auf dem Bild? Aus welchem Material ist das? Sprechen Sie im Kurs.

2 Ergänzen Sie Ihre Ideen zu *Holz*, *Stahl* und *Beton*.

3 Quiz: Beantworten Sie die Fragen.

Was ist im Verhältnis zum Gewicht stabiler?
a Holz ○
b Stahl ○

Was hält bei einem Brand länger ein Gewicht?
a Holz ○
b Stahl ○

Über Holz als Baumaterial nachdenken

1 Wie heißen die Bäume? Ordnen Sie die Namen zu.

Teak

Buche

Fichte

Ahorn

2 Welche Holzart hat wohl welche Eigenschaften? Arbeiten Sie in Gruppen.
Sie können mehrere Eigenschaften für jeden Baum angeben.

	hart	weich	verrottungsfest	pilzresistent
Buche	✓			
Ahorn				
Fichte				
Teak				

3 Welches Holz ist nach Ihrer Tabelle das „beste" Holz?

....

4 Wissen Sie, wofür man die verschiedenen Hölzer verwenden kann? Recherchieren Sie ggf. im Internet.

Buche: Möbel

5 Können Sie sich vorstellen, welche Nachteile Holz als Baustoff hat? Notieren Sie einige Nachteile.

....

6 Ordnen Sie die Begriffe den Texten zu.

☐ Diesen Baustoff gibt es in der Natur nicht in reiner Form, sondern er wird von Menschen künstlich hergestellt. Lange Zeit war die Herstellung ein Zeichen von wirtschaftlicher Macht. Die Produktion war daher für den Staat sehr wichtig. Er ist sehr hart und stabil, vor allem bei Zugkräften. Bei starkem Druck kann er sich verbiegen.

☐ Es handelt sich um einen Baustoff, der aus Zement, kleinen Steinen und Wasser zusammengemischt wird. Dieser Baustoff ist sehr hart. Insbesondere auf Druck reagiert er sehr stabil. Allerdings ist er bei Zugkräften nicht sehr stabil. Er wird daher manchmal zusammen mit Stahl verwendet, der in den Baustoff eingefügt wird.

☐ Dieser Baustoff reagiert normalerweise empfindlich auf Luftfeuchtigkeit: Bei hoher Luftfeuchtigkeit dehnt er sich aus, bei geringer Luftfeuchtigkeit zieht er sich zusammen. Man versucht, dieser Veränderung durch verschiedene Verfahren entgegenzuwirken, z. B. durch Erhitzung des Baustoffs vor der Bearbeitung.

1 Beton
2 Holz
3 Stahl

7 Beantworten Sie die Fragen. Manchmal sind mehrere Antworten möglich.

a Welcher Baustoff ist für Brücken geeignet?

....

b Mit welchem Baustoff kann man Achterbahnen bauen?

....

die Achterbahn

c Bei welchem Baustoff ist das Verhältnis von Tragkraft zu Gewicht am günstigsten?

....

d Für welchen Baustoff muss man bei der Herstellung die geringste Energie aufwenden?

....

e Welcher Baustoff reagiert sensibel auf Feuchtigkeit?

....

f Welcher Baustoff ist bei einem Brand am tragfähigsten?

....

8 Verbinden Sie jeweils zwei Wortpaare, die nach Ihrer Meinung zusammenpassen.

Zement   Insekten   Rost

Eisen

Holz   Teak

Holz   Umweltschutz

Beton

Tropenholz

9 Begründen Sie Ihre Auswahl im Kurs.

Wörterbücher produktiv verwenden

FACHWÖRTERBÜCHER
BENUTZEN

1 Bearbeiten Sie die folgenden Aufgaben. Nehmen Sie dafür ein geeignetes Wörterbuch zu Hilfe.

a Wie nennt man das Material, mit dem etwas gebaut wird ?

....

b Wie nennt man Holz, das aus mehreren Lagen zusammengesetzt wurde?

....

c Wie heißt der Holzboden in einer Wohnung?

....

d Nennen Sie ein anderes Wort für *verfaulen, verkommen, baufällig werden.*

....

e Der Holzboden in einer Wohnung kann in verschiedenen Mustern gestaltet werden. Nennen Sie die Bezeichnung für eines dieser Muster.

....

Neben den zweisprachigen Wörterbüchern, die die Bedeutung eines Wortes in Ihrer Muttersprache oder umgekehrt angeben, gibt es eine Reihe von Wörterbüchern, die für Ihr Studium unverzichtbar sind:
- In einem **Synonymwörterbuch** können Sie bedeutungsgleiche Wörter nachschlagen.
- In einem **Fremdwörterbuch** finden Sie Erklärungen für fremdsprachige Wörter.
- In einem **Bedeutungswörterbuch** finden Sie Erklärungen zu den Bedeutungen von Wörtern.
- In einem **Bildwörterbuch** können Sie die Bezeichnung von Dingen anhand von bildlichen Darstellungen nachschlagen.

2 Suchen Sie ein Fachwörterbuch für Ihr Studiengebiet und notieren Sie die genauen bibliografischen Angaben.

....

....

TIPP

Online-Wörterbücher
- www.duden.de
- www.pons.de
- www.dwds.de

3 Erklären Sie die folgenden Begriffe mithilfe von geeigneten Wörterbüchern.

LANGE FACHBEGRIFFE
AUFLÖSEN

Viele Fachwörter sind Komposita
– Zusammensetzungen von mehreren Wörtern –, die so nicht im Wörterbuch stehen. Sie müssen diese Komposita deshalb auseinandernehmen und einzeln nachschlagen, um sie zu verstehen:
bauphysikalisch = bau + physikalisch; Bedeutung: die physikalischen Gesetze beim Bau eines Gebäudes.
Häufig hilft auch hier der Kontext beim Verständnis des Wortes.

> „Die Säure verändert die Zellstruktur des Holzes, (...), was das *Quell- und Schwundvermögen* verringert."

....

....

....

> „Die Dachkonstruktion bestand aus *Holzleimbindern*, die gerade auch an den *Auflagerpunkten* durch Kondenswasser ‚dauerfeucht' gehalten wurden, ..."

....

....

....

....

Verständnis von Fachwörtern vorbereiten

1 *Holz* vorn oder hinten? Diese Wörter kann man mit *Holz* verbinden. Notieren Sie diese Wörter zunächst nach Gefühl und vergleichen Sie dann zu zweit.

träger   ig   schicht   leim

hart   kirche   weich

streich   art   thermo   gas   konstruktion   bau

leim   bau   tropen   sperr

haus   tisch   schicht   kiefern   buchen

(**Holz-**)   *Holzträger,* ....

....

(**-holz**)   *Bauholz,* ....

....

2 Bei welchen Wörtern sind Sie unsicher? Schlagen Sie diese Wörter in einem Wörterbuch nach und notieren Sie die Bedeutungen.

....

....

....

3 Begriffsfeld *bauen*: Legen Sie ein Assoziogramm an. Benutzen Sie ein größeres Blatt Papier.

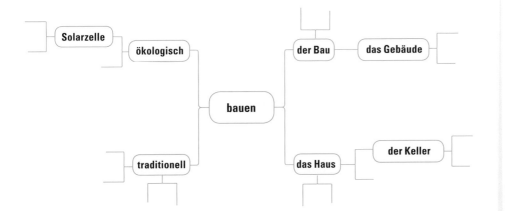

VERSTÄNDNIS VON FACHBEGRIFFEN VORBEREITEN

In einem Fachartikel gibt es häufig viele Fachwörter, die man – sofern man sie nicht kennt – nur in einem Fachwörterbuch finden kann. Je schneller Sie mit diesen Fachbegriffen vertraut werden, desto schneller werden Sie auch die Texte aus Ihrem Fachgebiet verstehen können.
Zur Vorbereitung auf die Lektüre sollten Sie versuchen, sich an möglichst viele Fachbegriffe zu erinnern und Ihre Kenntnis von Fachbegriffen zu erweitern.

ASSOZIOGRAMME ANLEGEN

Überlegen Sie vor der Lektüre eines schwierigen Textes, was Sie zu dem Thema schon wissen und welche Wörter und Begriffe Sie schon kennen. Dafür können Sie ein Assoziogramm anlegen. Arbeiten Sie dazu am besten zu zweit oder in einer kleinen Gruppe. Notieren Sie einen zentralen Begriff in der Mitte und schreiben Sie auf, was Ihnen dazu einfällt. Erweitern Sie dann diese Begriffe wiederum mit Ihren Assoziationen. Alles ist richtig, es gibt keine Einschränkungen.

Holz statt Stahl und Beton

Monika Schramm, Georg Küffner

Holz ist seit Urzeiten ein begehrter Baustoff. Für große Gebäude vertraute man in jüngerer Zeit jedoch auf Stahl und Beton. Jetzt aber entstehen Hochhäuser und sogar Achterbahnen aus Holz.
(...)

Absatz 1

Holz überzeugt (...) mit seinen bauphysikalischen Eigenschaften. Seine Festigkeit und Tragkraft sind im
5 Verhältnis zum Gewicht groß und im Vergleich mit Stahl oder Beton nur schwer zu übertreffen. Und anders als Stahl, Glas und Zement muss bei Holz kaum Energie eingesetzt werden, um es für den Einbau vorzubereiten. Holz kann auch nicht korrodieren, so dass etwa die Hallen, in denen Streusalz gelagert wird, daraus hergestellt werden. Und auch im Fall eines Brandes ist Holz „im Vorteil", da es berechenbar ist und nicht wie Stahl abrupt versagt. So bildet sich um ein brennendes Holz eine schützende Kohleschicht, die weiteres
10 Abfackeln verhindert. Ist der Balken ausreichend dick, bleibt ein tragfähiger Kern übrig.

Absatz 2

Die neue Begeisterung für den nachwachsenden Werkstoff hat eine lange Geschichte. So gibt es viele Kirchen aus Holz, auch ältere. Die angeblich größte steht rund 25 Kilometer östlich der finnischen (Opern-) Festspielstadt Savonlinna. Und zwar in dem Örtchen Kerimäki, das Mitte des 19. Jahrhunderts, als die Kirche gebaut wurde, nur einige hundert Einwohner zählte. Dennoch hat man hier einen 42 mal 45 Meter
15 messenden Kirchenraum errichtet und darin 1670 Bänke aufgestellt, so dass mehr als 3.000 Gläubige einen Sitzplatz finden. 5.000 Menschen passen insgesamt in diese Holzkirche. (...)

Absatz 3

Nicht ganz so mächtig sind in der Regel Häuser aus Holz, doch auch hierbei trauen sich die Bauherren mittlerweile über zweigeschossige Gebäude hinaus. Am Prenzlauer Berg in Berlin steht ein siebengeschossiges Wohnhaus, in Bad Aibling ein achtgeschossiges Wohn- und Geschäftshaus. Und man will noch höher hin-
20 aus. In Österreich sind Planungen für einen aus Holzfertigteilen zusammengesetzten „Life Cycle Tower" im Gange, der einmal 20 und mehr Geschosse haben soll.

Unbekannte Wörter erschließen

UNBEKANNTE WÖRTER ERSCHLIESSEN

Bei der Arbeit mit dem Basistext haben Sie gelernt, wie man unbekannte Wörter erschließen kann (Seite 11). Versuchen Sie, diese Techniken hier noch einmal anzuwenden.

1 Lesen Sie den obigen Textabschnitt. Überlegen Sie, was die folgenden Wörter bedeuten könnten.

a „Holz kann auch nicht *korrodieren*, ..." (Zeile 7)

> brennen ○
> rosten ○
> alt werden ○
> brechen ○

b „..., so dass etwa die Hallen, in denen *Streusalz* gelagert wird, daraus hergestellt werden." (Zeile 7–8)

> Salz, das man vor Kühe streut, damit sie es fressen können ○
> Salz, das man noch verarbeiten muss, bevor man es über Speisen streut ○
> Salz, das man im Winter auf das Eis auf den Straßen streut, damit es taut ○
> Salz, das man bei der Herstellung von Beton benutzt, damit er härter wird ○

c „..., die weiteres *Abfackeln* verhindert." (Zeile 9–10)

> ..., die weiteres Brennen verhindert. ○
> ..., die weiteres Brechen verhindert. ○
> ..., die weiteres Verkohlen verhindert. ○
> ..., die weiteres Versagen verhindert. ○

Bekannte Textteile markieren

1 Markieren Sie in dem Text auf Seite 62 alle bekannten Wörter und Satzteile.

2 Versuchen Sie, mit Ihren markierten Textteilen die folgenden Fragen mit
einfachen Sätzen zu beantworten.

a Welche Vorteile als Baustoff hat Holz? (Zeile 4–10)

1. Holz ist sehr fest und es kann viel tragen. Wenn man Holz mit Stahl

oder Beton vergleicht, ist es sogar noch besser.

2.

3.

4.

b Welche neuen Tendenzen gibt es im Holzbau? (Zeile 17–21)

Wenn Sie die Lektüre eines
Textes gut vorbereitet haben,
sind Ihnen schon viele Wörter bekannt. Markieren Sie
die bekannten Wörter und
Teilsätze. So schaffen Sie
sich ein Verständnisgerüst.
Gehen Sie dann von diesen
bekannten Textteilen aus
und versuchen Sie, möglichst
viel von dem Inhalt des Textes zu verstehen.

3 Welche der folgenden Aussagen treffen zu? Kreuzen Sie an.

„Und auch im Fall eines Brandes ist Holz ‚im Vorteil', da es berechenbar ist und nicht wie Stahl abrupt versagt."
(Zeile 8–9)

> Man kann berechnen, wann Holz bricht. ○
> Bei einem Brand ist Holz besser als Stahl. ○
> Stahl bricht ganz plötzlich. ○
> Man kann ausrechnen, wie lange Holz stabil ist. ○
> Man kann ausrechnen, wie lange Stahl stabil ist. ○

TIPP

Hier finden Sie ein Video
zum Verhalten von Holz und
Stahl bei einem Brand:
http://bit.ly/ZzeExc

4 Was bzw. wer ist mit den folgenden Begriffen gemeint?

a „Die neue Begeisterung für den *nachwachsenden Werkstoff* ..." (Zeile 11)

b „... doch auch hierbei trauen sich die *Bauherren* mittlerweile ..." (Zeile 17–18)

Holz statt Stahl und Beton

Monika Schramm, Georg Küffner

Holz ist seit Urzeiten ein begehrter Baustoff. Für große Gebäude vertraute man in jüngerer Zeit jedoch auf Stahl und Beton. Jetzt aber entstehen Hochhäuser und sogar Achterbahnen aus Holz. (...)

Absatz 1

schon gelesen!

Holz überzeugt (...) mit seinen bauphysikalischen Eigenschaften. Seine Festigkeit und Tragkraft sind im Verhältnis zum Gewicht groß und im Vergleich mit Stahl oder Beton nur schwer zu übertreffen. Und anders als Stahl, Glas und Zement muss bei Holz kaum Energie eingesetzt werden, um es für den Einbau vorzubereiten. Holz kann auch nicht korrodieren, so dass etwa die Hallen, in denen Streusalz gelagert wird, daraus hergestellt werden. Und auch im Fall eines Brandes ist Holz „im Vorteil", da es berechenbar ist und nicht wie Stahl abrupt versagt. So bildet sich um ein brennendes Holz eine schützende Kohleschicht, die weiteres Abfackeln verhindert. Ist der Balken ausreichend dick, bleibt ein tragfähiger Kern übrig.

Absatz 2

schon gelesen!

Die neue Begeisterung für den nachwachsenden Werkstoff hat eine lange Geschichte. So gibt es viele Kirchen aus Holz, auch ältere. Die angeblich größte steht rund 25 Kilometer östlich der finnischen (Opern-)Festspielstadt Savonlinna. Und zwar in dem Örtchen Kerimäki, das Mitte des 19. Jahrhunderts, als die Kirche gebaut wurde, nur einige hundert Einwohner zählte. Dennoch hat man hier einen 42 mal 45 Meter messenden Kirchenraum errichtet und darin 1670 Bänke aufgestellt, so dass mehr als 3.000 Gläubige einen Sitzplatz finden. 5.000 Menschen passen insgesamt in diese Holzkirche. (...)

Absatz 3

schon gelesen!

Nicht ganz so mächtig sind in der Regel Häuser aus Holz, doch auch hierbei trauen sich die Bauherren mittlerweile über zweigeschossige Gebäude hinaus. Am Prenzlauer Berg in Berlin steht ein siebengeschossiges Wohnhaus, in Bad Aibling ein achtgeschossiges Wohn- und Geschäftshaus. Und man will noch höher hinaus. In Österreich sind Planungen für einen aus Holzfertigteilen zusammengesetzten „Life Cycle Tower" im Gange, der einmal 20 und mehr Geschosse haben soll.

Gesamtverständnis sicherstellen

1 **Formulieren Sie für jeden Absatz einen Satz, mit dem der Inhalt des Absatzes zusammengefasst werden kann.**

Absatz 1: Holz hat im Vergleich zu Beton und Stahl viele Vorteile.

Absatz 2:

Absatz 3:

2 **Verbinden Sie die Aussagen, die zueinander passen.**

Holz wird schon seit langer Zeit zum Bauen verwendet.

Schon lange wurden Kirchen aus Holz gebaut.

Der Baustoff Holz hat viele Vorteile.

Einer ist die Umweltfreundlichkeit von Holz.

Seit Neuestem werden sogar komplizierte Bauwerke und hohe Häuser aus Holz gebaut.

Die größte steht in Finnland.

Die Tücken des Holzhauses

Wer in einem Holzhaus wohnt oder in seiner Wohnstube auf einem Dielenboden läuft, der kennt auch die   *Absatz 4*
Nachteile dieses Werkstoffs. Holz ist nunmal ein Naturprodukt, das „lebt". Eine Holzkonstruktion bewegt sich
25 stärker als ein Stahl- oder Betonbau. Sinkt etwa die Luftfeuchte im Raum, schrumpfen die Bodenbretter und
es bilden sich Spalten, die so manchem Perfektionisten ein Dorn im Auge sind.

Denen kann geholfen werden – und zwar mit meist zu Recht in Verruf geratenem Tropenholz, das durch seine   *Absatz 5*
genetische Anpassung an den Regenwald eine höhere Festigkeit aufweist. Dadurch verrottet dieses Holz nur
schwer und ist zudem gut gegen Pilz- und Insektenfraß geschützt. Alles Vorteile, die man jedoch auch heimi-
30 schen Holzarten beibringen kann und zwar, wenn man es durch und durch auf Temperaturen über 160 Grad
erhitzt. Um solches „Thermoholz" herzustellen, gibt es gleich mehrere Verfahren, von denen das Behandeln in
einer Atmosphäre aus Wasserdampf und Holzgasen die größte Bedeutung hat.

Damit Buchen-, Ahorn- und Kiefernholz die Härte und Dauerfestigkeit von Teak erreicht, hat BASF zusammen   *Absatz 6*
mit der Universität Göttingen ein Verfahren (Belmadur) entwickelt, bei dem Holz „chemisch modifiziert"
35 wird.

Das Holz wird dazu mit einer Chemikalie (Dimethylol-Dihydroxy-Ethylene Urea) „geimpft", die in der Textil-   *Absatz 7*
industrie für die Produktion knitterfreier Baumwollbekleidung verwendet wird. Auch durch das Behandeln
mit Essigsäure erreicht man Eigenschaften eines tropischen Hartholzes. Die Säure verändert die Zellstruktur
des Holzes, so dass sich weniger Wasser in den Zellwänden einlagern kann, was das Quell- und Schwundver-
40 mögen verringert.

Wasser oder besser Staunässe ist der größte Feind des Holzes, es vermodert und verliert seine Festigkeit. Wie   *Absatz 8*
gravierend die Folgen falsch verbauter Holzträger sein können, zeigt der Einsturz des Dachs der Eissporthalle
2006 in Bad Reichenhall mit 15 Toten und vielen Verletzten. Die Dachkonstruktion bestand aus Holzleimbin-
dern, die gerade auch an den Auflagerpunkten durch Kondenswasser „dauerfeucht" gehalten wurden, was das
45 Holz schwächte und den ungeeigneten, weil feuchtigkeitsempfindlichen Leim löste. Heute werden für Brett-
schichtholz, wie Leimbinder fachmännisch heißen, wasserfeste Kunstharzleime verwendet. Dennoch müssen
diese „Schichtbretter" stets so eingebaut werden, dass sie niemals „im Wasser stehen". (...)

Zielgerichtet Informationen finden

**1   Versuchen Sie in drei Minuten die folgenden Informationen in den Absätzen
4–8 zu finden. Die Reihenfolge der Fragen entspricht nicht der Reihenfolge
im Text!**

a   Warum ist das Dach der Eissporthalle in Bad Reichenhall eingestürzt?

Zeile ....

b   Welches Holz ist von der Natur geschützt gegen Insekten und Pilzbefall?

Zeile ....

c   Was bewirkt die Behandlung von Holz mit Essigsäure?

Zeile ....

**2   Lesen Sie jetzt die Absätze 1–8 noch einmal und notieren Sie auf einem gesonderten Blatt Papier zwei
Fragen zu dem Gesamttext. Arbeiten Sie dann in einer kleinen Gruppe: Stellen Sie Ihre Frage bzw. beantworten Sie die Fragen der anderen. Wer kann die Informationen am schnellsten finden?**

ZIELGERICHTET LESEN

Manchmal suchen Sie ganz
bestimmte Informationen, von
denen Sie annehmen, dass sie in
einem Text vorhanden sind. Dann
ist es nicht notwendig, dass Sie
den Text von Anfang bis zum
Ende lesen und jedes Detail verstehen. Überfliegen Sie den Text
dann nur und suchen Sie gezielt
nach bestimmten Wörtern, Daten
etc.

Gesamtverständnis überprüfen, Kontext erweitern

**HINTERGRUNDINFORMA-
TIONEN RECHERCHIEREN**

Wenn in einem Text auf Hintergrundinformationen Bezug
genommen wird, die nicht weiter
erklärt werden, versuchen Sie,
diese Informationen zu recherchieren. So erweitern Sie nach
und nach Ihr Wissen über aktuelle Diskussionen in Ihrem Fachgebiet.

1 **Was ist wohl der Anlass für den Artikel *Holz statt Stahl und Beton*?**

Die Autoren schreiben den Artikel, weil

....

2 **In Zeile 1–2 wird von einer *Achterbahn aus Holz* gesprochen. Wo gibt es
diese Achterbahn? Recherchieren Sie im Internet.**

Die Achterbahn gibt es in

3 **Warum erwähnen die Autoren, dass der Ort Kerimäki Mitte des 19. Jahrhunderts nur einige hundert Einwohner
hatte? (Zeile 14) Was glauben Sie?**

....

4 **Die Autoren schreiben einmal, dass in die Kirche 3.000 Gläubige passen, ein anderes Mal, dass 5.000 Gläubige
in die Kirche passen. (Zeile 15–16) Nennen sie den Grund für den Unterschied?**

....

....

5 **Welcher Satz passt anstelle von (...) in Zeile 16?**

> Holz war schon immer ein begehrter Baustoff. Das gilt für die vor 5.500 Jahren am Bodensee errich-
> teten Pfahlbauten, für viele Brücken der Römer und für die Wohnhäuser des Mittelalters, die, waren
> deren Mauern aus Stein gebaut, zumindest (Geschoss-)Decken und Dachstühle aus Holz bekamen.   ○

> Warum der 1847 fertiggewordene Bau so groß ausgefallen ist, darüber gibt es mehrere Meinungen.
> Eine nennt als Ursache einen Messfehler. Die Zimmerleute hätten die Angabe „Fuß" in der Zeichnung
> missachtet und stattdessen „Meter" für die Bemaßung gewählt. Dies ist wohl nur eine amüsante
> Anekdote.   ○

> Zwei Millionen Nägel und 100.000 Schraubverbindungen stecken in der Konstruktion, die sich
> 40 Meter hoch in den Himmel streckt und an ihrer höchsten Stelle von zwei mystischen, auf den
> Hinterläufen stehenden Wölfen gekrönt wird. Nähert sich ein Zug, speien die Bestien Feuer.   ○

> Bei einer Umlaufzeit von rund dreieinhalb Minuten können bis zu 18.000 Personen am Tag ihre
> Nerven auf die schön altmodische Art kitzeln lassen.   ○

6 **„Nicht ganz so mächtig sind in der Regel Häuser aus Holz, doch auch hierbei trauen sich die Bauherren
mittlerweile über zweigeschossige Gebäude hinaus. " (Zeile 17–18)**

a Worauf bezieht sich *so*? Formulieren Sie den versteckten Vergleich so um, dass die Beziehung deutlicher
ausgedrückt wird.

....

b Worauf bezieht sich *hierbei*?

....

7 „Sinkt ... die Luftfeuchte im Raum, schrumpfen die Bodenbretter und es bilden sich Spalten, ..." (Zeile 25–26) Illustrieren Sie diese Aussage anhand der grafischen Vorgabe.

0% **Luftfeuchtigkeit** 100%

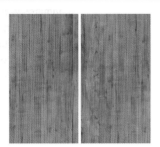 

8 Drücken Sie das Verhältnis von Luftfeuchtigkeit und Spaltengröße mit der Konjunktion *je ... desto* aus.

Je .... , desto ....

....

9 Was ist *Thermoholz*? (Zeile 31) Markieren Sie die korrekte Erklärung.

> Mit Wasserdampf, Holzgasen und Hitze behandeltes Holz, das dadurch so fest wie Tropenholz wird. ○

> Tropenholz, das zusätzlich mit Wasserdampf und Holzgas behandelt wurde, sodass es gegen Pilz- und Insektenfraß geschützt ist. ○

> Genetisch angepasstes Tropenholz, das durch eine zusätzliche Behandlung gegen Pilz- und Insektenfraß geschützt ist. ○

> Auf über 160 Grad erhitztes einheimisches Holz, das durch die Behandlung mit Wasserdampf und Holzgasen genetisch angepasst wird. ○

10 Schreiben Sie die folgenden Sätze so zu Ende, dass der Sinn der Textaussage entspricht.

> (Absatz 6) Das Ziel des Verfahrens der BASF ist, ...

....

> (Absatz 8) Wenn verleimte Bretter nicht vor Staunässe geschützt werden, ...

....

11 Ordnen Sie die Überschriften den acht Absätzen des Textes zu.

☐ Beschreibung von zwei chemischen Verfahren zur Erhöhung der Haltbarkeit von Holz

☐ Chemische Behandlung zur Festigung von einheimischen Holzarten

☐ Herstellung von „Thermoholz" als Verfahren zur Festigung einheimischer Holzarten

1 Vorteile von Holz

☐ Beschreibung eines Unfalls durch schlechte Holzverarbeitung

☐ Zukunft des Holzbaus

☐ Geschichte des Holzbaus

☐ Nachteile des Holzbaus

Wortschatz erweitern, Grammatikverständnis überprüfen

1 Lösen Sie die folgenden Beispiele von *uneigentlicher Rede* auf.

a „Um solches ‚Thermoholz‘ herzustellen, gibt es gleich mehrere Verfahren, ...“
(Zeile 31)

Um solches Holz, das auf Temperaturen um 160 Grad erhitzt wurde,

herzustellen, gibt es mehrere Verfahren, ...

b „Das Holz wird dazu mit einer Chemikalie (...) ‚geimpft‘, ...“ (Zeile 36)

....

....

c „Dennoch müssen diese ‚Schichtbretter‘ stets so eingebaut werden, dass sie
niemals ‚im Wasser stehen‘.“ (Zeile 46–47)

....

....

DIE VERWENDUNG VON ANFÜHRUNGSZEICHEN VERSTEHEN

Wenn Wörter oder Wortgruppen in Anführungszeichen gesetzt werden, die keine direkte Rede wiedergeben, handelt es sich oft um die Kennzeichnung eines Ausdrucks, der bildlich gemeint ist. Der Autor verwendet ein Bild, um etwas zu sagen, was ohne dieses Bild vielleicht nur schwer zu erklären wäre. Wenn in unserem Text gesagt wird, dass Holz „lebt“, ist damit nicht gemeint, dass Holz wie Menschen oder Tiere lebendig ist, sondern der Autor meint eigentlich, dass sich das Holz bewegt. Man spricht auch von *uneigentlicher Rede*.

2 Warum handelt es sich bei dem folgenden Satz nicht um eine *uneigentliche Rede*, obwohl eine Wortgruppe in Anführungszeichen steht?

„In Österreich sind Planungen für einen aus Holzfertigteilen zusammengesetzten ‚Life Cycle Tower‘ im Gange, der einmal 20 und mehr Geschosse haben soll.“ (Zeile 20–21)

....

3 Durch welches Wort kann man *so* in den beiden Sätzen ersetzen?

a „Und auch im Fall eines Brandes ist Holz ‚im Vorteil‘, da es berechenbar ist und nicht wie Stahl abrupt versagt.
So bildet sich um ein brennendes Holz eine schützende Kohleschicht, ...“ (Zeile 8–9)

b „Die neue Begeisterung für den nachwachsenden Werkstoff hat eine lange Geschichte. *So* gibt es viele Kirchen aus Holz, ...“ (Zeile 11–12)

> momentan ○   > vielleicht ○   > bisweilen ○   > beispielsweise○

4 Markieren Sie das Wort, mit dem man *und zwar* ersetzen kann.

„Die angeblich größte (Holzkirche) steht (...) östlich der (...) Festspielstadt Savonlinna.
Und zwar in dem Örtchen Kerimäki, ...“ (Zeile 13)

neulich   nämlich   zum Beispiel   meines Erachtens

wahrscheinlich   unbedingt   voraussichtlich

**5 „Das Holz wird dazu mit einer Chemikalie (Dimethylol-Dihydroxy-Ethylene Urea) ‚geimpft‘, ...“ (Zeile 36).
Worauf bezieht sich *dazu*?**

....

6 Lösen Sie die Linkserweiterungen der Substantive durch Relativsätze auf.

LINKSERWEITERUNGEN ANALYSIEREN

a eine *schützende Kohleschicht* (Zeile 9)

eine Kohleschicht, die schützt

Vor Substantiven können Partizipien von Verben stehen. Sie verhalten sich dann ebenso wie Adjektive und werden auch so dekliniert. Man kann diese Formen durch Relativsätze auflösen: brennendes Holz = Holz, das brennt

b die ... Begeisterung für den *nachwachsenden Werkstoff* (Zeile 11)

c Dennoch hat man hier einen *42 mal 45 Meter messenden Kirchenraum* errichtet ... (Zeile 14–15)

d ... Planungen für einen *aus Holzfertigteilen zusammengesetzten „Life Cycle Tower"* ... (Zeile 20)

7 Markieren Sie in dem Text die beiden konsekutiven Verbindungen. Markieren Sie dann den Grund und die Folge mit verschiedenen Farben.

GRUND-FOLGE-VERHÄLTNISSE VERSTEHEN

8 Verbinden Sie je zwei passende Sätze mit *sodass*.

Holz weist einen artspezifischen Aufbau auf.

Das Wasser kann gut ablaufen und die Oberfläche kann trocknen.

Holzoberflächen ~~im Badezimmer~~ müssen schräg gestaltet werden.

Holzarten lassen sich anhand ihrer Makro- und Mikrostrukturen voneinander unterscheiden.

Die logische Verbindung zwischen einem Grund und einer notwendigen Folge bezeichnet man als konsekutive Verbindung. Der Grund wird immer im Hauptsatz, die Folge in dem darauf folgenden Nebensatz genannt. Als sprachliches Mittel benutzt man z. B. die Konjunktion *sodass*.

Holzoberflächen im Badezimmer müssen schräg gestaltet werden,

sodass

9 Welche Bedeutung haben die folgenden bildlichen Redeweisen?

a „... es bilden sich Spalten, die so manchem Perfektionisten *ein Dorn im Auge* sind." (Zeile 26)

b „Wasser oder besser Staunässe ist der größte *Feind des Holzes*, ..." (Zeile 41)

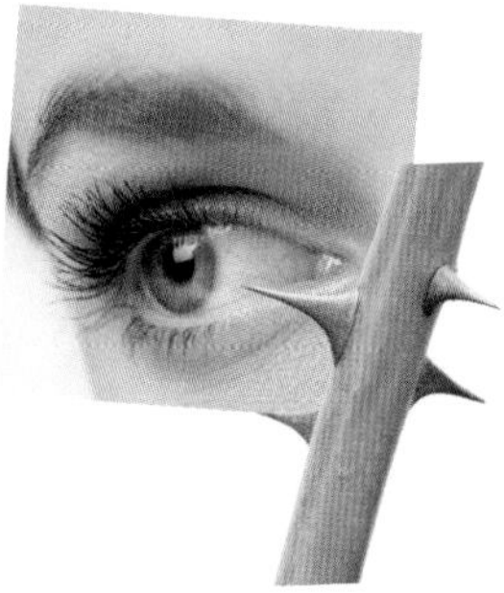

Arbeitstechniken wiederholen

1 Mit welchem Wörterbuch finden Sie bedeutungsähnliche Wörter zu *verringern*?

Infokasten Seite 60

....

2 Suchen Sie in einem solchen Wörterbuch ähnliche Wörter zu dem Bedeutungsfeld *größer machen* und *kleiner machen* und notieren Sie diese auf der passenden Seite in der Tabelle.

vergrößern ....   *verringern* ....

....

....

....

3 Welche Möglichkeiten haben Sie kennengelernt, um die Lektüre eines Fachtextes vorzubereiten?

Infokasten Seite 61 und 63

1. ....

2. ....

3. ....

4 Zielgerichtetes Lesen: Lesen Sie die folgenden Fragen. Suchen und markieren Sie die Antworten darauf im Text. Sie haben drei Minuten Zeit.

Infokasten Seite 65

a Wie hoch ist die Achterbahn?

b Wie viele Personen können täglich fahren?

c Woher kommt das Holz der Schienen?

d Mit welchem Material wurde das Holz verbunden?

e Wie schwer sind die Züge?

f Welche Attraktion gibt es an der höchsten Stelle?

Die Macher des Europaparks Rust haben sich ein Beispiel an El Toro in Plohn, Tonnerre de Zeus in Plailly, Anaconda in Metz oder Stampida in Port Aventura genommen. Am kommenden Wochenende soll zur Saisoneröffnung *Wodan Timburcoaster* die Besucher in Entzücken versetzen: eine Achterbahn aus Holz.

Die Zimmerleute bauten Wodan aus rund 1.000 Kubikmeter norddeutscher Kiefer, die in drei bis fünf Meter langen, druckimprägnierten Stücken geliefert und mit galvanisierten Bolzen und Nägeln verbunden wurden. Zwei Millionen Nägel und 100.000 Schraubverbindungen stecken in der Konstruktion, die sich 40 Meter hoch in den Himmel streckt und an ihrer höchsten Stelle von zwei mystischen, auf den Hinterläufen stehenden Wölfen gekrönt wird. Nähert sich ein Zug, speihen die Bestien Feuer.

Das Holz für die Schienen stammt dagegen aus Amerika, rund 130 Kubikmeter einer besonders harten Kiefernart (Yellow pine) hat Great Coasters dafür mitgebracht. Ebenso die stählernen Bänder, die in Stücken auf dem 1.050 Meter langen Schienenstrang verlegt wurden. Darauf rollen drei Züge. Jeder besteht aus zwölf Wagen, massive Teile von je fast 420 Kilo Eigengewicht, die mit bis zu 100 km/h über die verschlungene Bahn rasen. Da kommen bei einem mit 24 Personen vollbesetzten Zug locker sechs Tonnen zusammen.

Bei einer Umlaufzeit von rund dreieinhalb Minuten können bis zu 18.000 Personen am Tag ihre Nerven auf die schön altmodische Art kitzeln lassen. In den Wagen können die Passagiere ohne Gurte sitzen, die Haltebügel sind so konstruiert, dass sie Menschen von 1,20 Meter Körpergröße an zuverlässig festhalten.

Die eingebildete Arznei

*Ordnen Sie neue Wörter und Redewendungen
bereits bekannten zu. Intensivieren Sie die
Verbindungen zwischen Neuem und Altem,
z. B. durch Assoziogramme. So schaffen Sie
dauerhaftes Wissen.*

DAS LERNEN SIE

- Visuelle Präsentation eines Textes analysieren
- Hintergrundinformationen zur Publikation einholen
- Miteinander verbundene Beziehungen beschreiben
- Absatztechnik: Wichtige Aussagen effizient auffinden
- Informationen ordnen
- Informationen integrieren, Wissen erweitern
- Auslassungssätze ergänzen
- Die Verwendung von Anführungs-zeichen verstehen
- Die Funktion von Doppelpunkten verstehen

Einstieg

1   Welche Dinge sehen Sie auf dem Bild? Kreuzen Sie an.

Kräutertee	○	Tabletten	○	Tropfen	○
Saft	○	Salbe	○	Kapseln	○
Spritze	○	Würfelzucker	○	Pflaster	○

2   Was hilft, von den Dingen auf dem Bild, Ihnen bei einer Erkältung am besten? Oder hilft etwas ganz anderes?

....

....

3   In Deutschland gibt es ein Sprichwort: „Eine Erkältung dauert mit Arzt sieben Tage und ohne Arzt eine Woche". Was könnte das bedeuten? Sprechen Sie zuerst zu zweit und dann im Kurs über das Sprichwort.

4   Wie könnte in diesem Kontext der Würfelzucker zu den anderen Dingen passen? Sprechen Sie im Kurs.

Über Körper und Wahrnehmung nachdenken

1   Um welche Teile des Körpers handelt es sich? Die Buchstaben helfen Ihnen.

> Nrve   *der Nerv*   > ruBst   *die*   > tauH   *die*

> mraD   *der*   > reHz   *das*   > rmA   *der*

> gMane   *der*   > luBt   *das*   > ehrinG   *das*

2   Welche der in Aufgabe 1 genannten Teile des Körpers sind ein Organ?

3   Welche Krankheiten sind hier dargestellt? Ordnen Sie zu.

Asthma ☐   Bauchschmerzen ☐   Kopfschmerzen ☐   Herzinfarkt ☐   Erkältung ☐

4   Was tun Sie, wenn Sie Kopfschmerzen haben?

> zum Arzt gehen   ○   > fernsehen   ○

> Medikamente nehmen   ○   > schlafen   ○

> einen Spaziergang machen   ○   >

5   Markieren Sie die Begriffe, die Formen von Medikamenten bezeichnen.

Tablette   Keks   Milch   Saft   Praline   Chips

Creme   Pille   Bonbon   Tropfen   Salbe

6 Welche sind die fünf klassischen Sinne des Menschen? Welchen Organen sind sie zugeordnet? Ergänzen Sie. Benutzen Sie ggf. ein Wörterbuch.

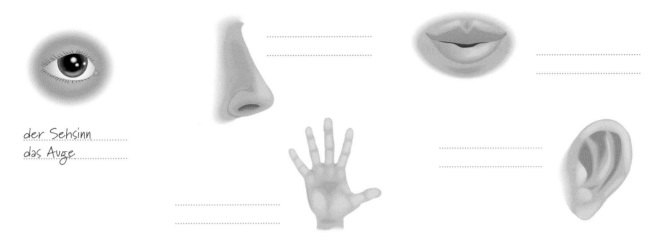

der Sehsinn
das Auge

7 Der Mensch besitzt noch weitere Sinne. Ordnen Sie zu.

Temperatursinn   Schmerzsinn   Körperempfindung   Gleichgewichtssinn

a Der .... reagiert, wenn man sich mit einem Messer in den Finger schneidet.

b Der .... hilft dabei, auf einem Bein zu stehen.

c Der .... bewirkt, dass man nicht zu nah an ein Feuer geht.

d Die .... informiert über den Zustand und die Bewegung des Körpers.

8 Was ist für die Reizübermittlung im Körper zuständig?

> das Blut   ○   > die Nerven   ○
> die Knochen   ○   > die Muskeln   ○

9 Sehen Sie sich die Abbildungen an und lesen Sie den Satz. Welche Bedeutung haben die markierten Wörter?

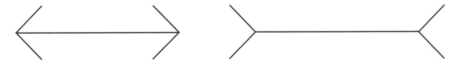

Die beiden Linien sind scheinbar verschieden lang. Tatsächlich sind sie aber gleich lang.

nicht offensichtlich ○   In Wirklichkeit   ○
nicht wirklich   ○   In der Regel   ○
nicht genau   ○   In Ausnahmen   ○
nicht deutlich   ○   In jedem Fall   ○

10 Der Titel des Textes lautet *Die eingebildete Arznei*. Was bedeutet wohl *eingebildet*?

....

ZEITMAGAZIN

Die eingebildete Arznei

Christiane Löll

Mit raffinierten Experimenten erkunden Forscher das Geheimnis der Placebos.
Wem helfen die Scheinmedikamente? Und warum?

Absatz 1 Dass Patienten unwirksame Tabletten verabreicht bekommen, ist in deutschen Kliniken Routine. Sie sind nicht Opfer eines Betrugs, sondern Teilnehmer einer Studie: Um zu testen, ob neue Medikamente wirklich
5   einen Nutzen haben, teilen Mediziner ausgewählte Patienten in zwei Gruppen ein. Die eine Hälfte, zufällig ausgelost, bekommt die neue Arznei, die andere ein Placebo.

Absatz 2 In solchen Studien stellen Wissenschaftler immer wieder fest, dass auch diejenigen, die nur das Placebo zu sich nehmen, auf wundersame Weise genesen. Und so sind Placebo-Therapien nun ihrerseits zum Gegenstand der Forschung geworden. Welche Beschwerden lassen sich durch eine Scheintherapie bessern?
10   Gibt es Menschen, die besonders empfänglich dafür sind? Und hat die Heilkraft durch Einbildung nur psychologische oder auch biologische Ursachen? Das sind Fragen, denen Placebo-Forscher mit raffinierten Experimenten auf den Grund gehen.

Schmerzen

Absatz 3 Manche Menschen halten Schmerzen durch Hitzereize besser aus, wenn der Arzt ihnen vorher eine
15   Pflegecreme auf den Arm aufträgt und dabei versichert, es handle sich um eine wirksame Schmerzsalbe. Schon die Aussicht auf das Verschwinden der Schmerzen setzt die körpereigene Apotheke in Gang: Schmerzstillende Opioide werden ausgeschüttet.

Absatz 4 Der Turiner Placebo-Forscher Fabrizio Benedetti verabreichte Patienten ein starkes Schmerzmittel auf unterschiedliche Weise: Wenn es, vom Patienten unbemerkt, durch eine Infusion in die Venen lief, dann
20   linderte es die Schmerzen kaum. Gab jedoch jemand den Hinweis: „Jetzt gibt es was gegen die Schmerzen", dann wurden sie tatsächlich verringert. Unsere Erwartungen an eine Schmerztherapie bestimmen also maßgeblich mit, wie gut sie wirkt.

Absatz 5 Neurowissenschaftler haben erforscht, was dabei im Gehirn passiert. Der Frontallappen der Großhirnrinde, der unser Handeln mit steuert, spielt ebenso eine Rolle wie das Cingulum, das an der Verarbeitung
25   von Gefühlen beteiligt ist, und der Hirnstamm, der Gehirn und Rückenmark verbindet. Je besser die Nerven zwischen Frontalhirn, Cingulum und Hirnstamm miteinander verknüpft seien, desto besser könnten Placeboeffekte gegen Schmerzen wirken, sagt die Hamburger Neurologin Ulrike Bingel. Mit ihrem Kollegen Falk Eippert konnte sie zeigen: Der Schmerzreiz wird auf dem Weg zum Gehirn im Rückenmark gestoppt – wenn die Hoffnung auf Linderung besteht. (...)

30   ### Immunsystem

Absatz 6 Den Drink, den die Probanden am Universitätsklinikum Essen kosten mussten, gibt es in keinem Supermarkt: grün gefärbte Erdbeermilch mit einem Schuss Lavendel. Manfred Schedlowski und seine Mitarbeiter wollten bei Gesunden eine unbewusste Reaktion auf diesen Geschmacksreiz hervorrufen, sie also ähnlich anlernen – „konditionieren" – wie Iwan Pawlow einst seine Hunde, die beim Glockenschlag Speichel produzierten.

Textaufbau analysieren

1 Sehen Sie sich den Text auf der linken Seite an, ohne ihn zu lesen. Markieren Sie die folgenden optischen Merkmale im Text.

> besondere Schriftgröße
> normale Schrift
> andere Schriftart
> Fettdruck

2 Welche der folgenden Funktionen finden Sie im Text? Kreuzen Sie an.

> Überschrift　○
> Untertitel　○
> Einleitung　○

> Zwischenüberschrift　○
> Hauptteil　○
> Schluss　○

3 Welche Merkmale weisen die Textfunktionen aus Aufgabe 2 auf? Schreiben Sie die Funktionen hinter die passenden Merkmale. Manche Funktionen können mehrmals zugeordnet werden.

> besondere Schriftgröße *Überschrift* ....

> normale Schrift ....

> andere Schriftart ....

> Fettdruck ....

4 Lesen Sie die folgenden Aussagen und dann den Text *global*. Welche Aussagen finden Sie darin?

> Placebos sind Scheinmedikamente.　○
> Placebos kann man im Supermarkt kaufen.　○
> Wenn Patienten wissen, dass sie ein Schmerzmittel bekommen, halten sie Schmerzen besser aus.　○
> Die Wirkung von Placebos hängt mit dem Gehirn zusammen.　○
> Wissenschaftler interessieren sich nicht für die Wirkung von Placebos.　○

5 Was sind Placebos? Schreiben Sie eine Definition in ein bis zwei Sätzen.

....

....

6 Ist der Text auf Seite 74 vollständig oder handelt es sich um die ersten 6 Absätze? Begründen Sie Ihre Antwort.

....

....

....

Vor dem eigentlichen Lesen eines Textes kann es hilfreich sein, sich einen Überblick über sein **Aussehen** zu verschaffen: Gibt es Zwischenüberschriften? Gibt es Unterschiede in der Schriftgröße oder der Schriftart? Hat der Autor Bilder oder Grafiken verwendet? Gibt es Aufzählungen, Unterstreichungen oder andere Hervorhebungen? Diese Merkmale können auf Textfunktionen (Überschrift, Einleitung, Hauptteil, Schluss) hindeuten, sowie erste Hinweise auf den Inhalt geben.

TIPP

Erinnern Sie sich? Orientierend lesen bedeutet, dass man wichtige Aussagen eines Textes erkennt, ohne ein .... zu benutzen. Dazu markiert man die ...., sucht ihre .... und versucht, diese zu verstehen (Seite 22).

Details verstehen, Kontext erweitern

1 Informieren Sie sich im Internet über die Zeitung „Die Zeit" und ergänzen Sie die Lücken.

Die Zeit erscheint (1) _wöchentlich_ , immer am (2) _____ .

Sie wurde (3) _____ gegründet und der Erscheinungsort ist

seitdem (4) _____ .

Es gibt auch ein Internetangebot mit dem Namen *Zeit* (5) _____ .

Die Zeitung umfasst insgesamt (6) _____ Themenbereiche

oder Ressorts, u. a. Politik, Kultur, Wissen und Sport . Für die beiden Nach-

barländer (7) _____ und (8) _____ gibt es eigene

Ausgaben der *Zeit* mit Regionalseiten.

**HINTERGRUND-
INFORMATIONEN ZUR
PUBLIKATION EINHOLEN**

Die Erscheinungsform, das Konzept,
die Zielgruppen und die Themenbereiche einer Zeitung oder Zeitschrift
geben Ihnen wichtige Hinweise über
die inhaltliche Gestaltung und das
Sprachniveau von Artikeln dieser
Publikation. Informieren Sie sich
daher möglichst umfassend über die
Zeitung oder die Zeitschrift in der
der Artikel, den Sie lesen möchten,
erschienen ist.

2 Aus welchem Ressort stammt der Text auf Seite 74 wahrscheinlich?

....

**3 Die beiden folgenden Sätze haben die gleiche Aussage. Markieren Sie mit unterschiedlichen Farben die
Satzteile, die in ihrer Bedeutung übereinstimmen.**

Mit raffinierten Experimenten erkunden Forscher das Geheimnis der Placebos. (Zeile 1)

Das sind Fragen, denen Placebo-Forscher mit raffinierten Experimenten auf den Grund gehen. (Zeile 11–12)

4 Schreiben Sie mithilfe der folgenden Begriffe noch einen Satz mit der gleichen Bedeutung.

die Wirkung   erforschen   von Scheinmedikamenten   Die Wissenschaftler   mit klugen Tests

....

5 Was bedeutet der Satz „Sie sind nicht Opfer eines Betrugs ..." (Zeile 3–4)? Ergänzen Sie die Lücke.

Die Patienten _____, dass sie eventuell unwirksame Tabletten bekommen.

6 Bei welcher Behandlung (Absatz 3 und 4) werden Placebos verwendet und bei welcher richtige Medikamente?

> Behandlung in Absatz 3:   Placebos ○   richtige Medikamente ○
> Behandlung in Absatz 4:   Placebos ○   richtige Medikamente ○

7 Was haben die Behandlungen, die in Absatz 3 und 4 beschrieben werden, gemeinsam?

> Die Patienten müssen vorher erfahren, dass sie ein Schmerzmittel bekommen.   ○
> Die Patienten dürfen vorher keine anderen Medikamente nehmen.   ○
> Die Patienten dürfen vorher nicht erfahren, dass sie ein Schmerzmittel bekommen.   ○
> Die Patienten müssen vorher andere Medikamente nehmen.   ○

8 Was bedeutet das Wort *maßgeblich* in dem Satz „Unsere Erwartungen an eine Schmerztherapie bestimmen also maßgeblich mit, wie gut sie wirkt" (Zeile 21–22)? Markieren Sie die passenden Begriffe.

entscheidend   nebensächlich   unwesentlich   bedeutungslos

ausschlaggebend   bestimmend   ohne Bedeutung   wesentlich

9 Textinhalte visualisieren: Bei der Wirkung von Placebos gegen Schmerzen sind bestimmte Teile des Gehirns beteiligt. (Absatz 5) Wo befinden sich diese? Benutzen Sie ggf. ein Fachwörterbuch.

~~Cingulum~~   Hirnstamm   Großhirnrinde   ~~Rückenmark~~   Frontallappen

TIPP

Lesen Sie die Infokästen auf Seite 44 und Seite 60.

Cingulum

Rückenmark

10 Welcher Ausdruck hat die gleiche Bedeutung wie *je ... desto*? (Zeile 25–27)

> je ... aber ○
> je ... umso ○

> je ... wie ○
> je ... als ○

11 Verbinden Sie die beiden Sätze mit *je ... desto* und schreiben Sie einen Satz.

Die Verbindung zwischen bestimmten Bereichen des Gehirns ist eng.   **je ... desto**   Die Wirkung von Placebos gegen Schmerzen ist stark.

Je enger

MITEINANDER VERBUNDENE BEZIEHUNGEN BESCHREIBEN

Die Konjunktionen
• je ... desto
• je ... umso
drücken ein Verhältnis zwischen zwei Dingen oder Ereignissen aus, das sich in Abhängigkeit zueinander verändert.
Nach *je* folgt ein Nebensatz, nach *desto* folgt ein Hauptsatz (vgl. Seite 67).

12 Informieren Sie sich im Internet über Iwan Pawlow. Aufgrund welcher Beobachtung wurde er berühmt?

Er hat _____ *beobachtet.*

13 Welches Schema gibt das Prinzip von Pawlows Entdeckung wieder?

A		B	
Reiz 1 → Reaktion A		Reiz 1 → Reaktion A	
↓		↓	
Reiz 1 + Reiz 2 → Reaktion A		Reiz 2 → Reaktion B	
↓		↓	
Reiz 2 → Reaktion A		Reiz 1 + Reiz 2 → Reaktion A	

Immunsystem

Absatz 6 Den Drink, den die Probanden am Universitätsklinikum Essen kosten mussten, gibt es in keinem Supermarkt: grün gefärbte Erdbeermilch mit einem Schuss Lavendel. Manfred Schedlowski und seine Mitarbeiter wollten bei Gesunden eine unbewusste Reaktion auf diesen Geschmacksreiz hervorrufen, sie also ähnlich anlernen – „konditionieren" – wie Iwan Pawlow einst seine Hunde, die beim Glockenschlag
35 Speichel produzierten.

Absatz 7 Die Versuchspersonen nahmen das grüne Getränk viermal innerhalb von zwei Tagen gleichzeitig mit der Arznei Ciclosporin ein. Das Präparat schwächt das Immunsystem – Transplantationspatienten erhalten es, damit ein neues Organ nicht vom Körper bekämpft wird. Nach einiger Zeit mussten die Studienteilnehmer die Erdbeermilch noch einmal trinken – diesmal ohne Medikament. Das Immunsystem reagierte dennoch,
40 wenn auch nicht ganz so stark wie auf das Medikament. „Allein durch den Geschmacksreiz hatte sich der Körper offensichtlich darauf eingestellt", sagt Schedlowski. In einem zweiten Versuch gaben die Forscher einer Gruppe von Freiwilligen ein Placebo und behaupteten, sie würden Ciclosporin verabreichen. Diesmal reagierte das Immunsystem nicht. Die Placebowirkung auf das Immunsystem wird also in diesem Fall nicht – wie etwa in der Schmerztherapie – durch die Erwartungshaltung des Patienten erzielt, sondern durch Konditionierung,
45 also eine Art Trainingsphase des Körpers.

Absatz 8 Nun hoffen die Forscher, dass sich auf diesem Weg die Dosis von Medikamenten reduzieren lässt. Eine Studie mit Hausstauballergikern ergab, dass der grüne Drink nach der Trainingsphase nicht nur subjektiv die Beschwerden linderte. Sogar das Blutbild veränderte sich. Als Nächstes wollen die Mediziner prüfen, wie lange die Konditionierung vorhält und wie wirksam sie auf Dauer ist.

50 Parkinsonkrankheit

Absatz 9 Parkinsonkranken mangelt es am Botenstoff Dopamin im Gehirn. Dadurch zittern sie, ihre Bewegungen werden langsamer, steif und stockend. Medikamente sollen das Dopamin ersetzen, aber auch Placebos können helfen, wie kanadische Forscher mithilfe eines Hirnscanners zeigten. Nachdem sie Parkinsonpatienten ein Placebo verabreicht hatten, setzten deren Gehirne innerhalb einer Stunde verstärkt Dopamin frei. Das
55 kranke Dopaminsystem wurde offenbar angeregt. (...)

Herz und Magen

Absatz 10 Dass psychische Probleme auf den Magen schlagen können, ist eine Volksweisheit. Dass auch Placebos den Magen beeinflussen können, zeigen Versuche von Karin Meissner an der Universität München. In einem Experiment erhielten Probanden unterschiedliche Tabletten: Pillen, die die Magenaktivität steigern, senken
60 oder gar nicht verändern sollten. In Wahrheit waren alle Pillen Placebos. Mit Elektroden über der Bauchdecke überwachten die Forscher den Magen. Das Organ arbeitete am stärksten, wenn der Proband eine vermeintlich anregende Pille geschluckt hatte. Ähnliche Ergebnisse erzielte Meissner bei Versuchen zum Blutdruck: Dieser sank, wenn die Probanden glaubten, sie hätten ein wirksames Blutdruckmedikament zu sich genommen. (...)

Chirurgie

65 Sogar Scheinoperationen können Beschwerden lindern. In den fünfziger Jahren galt die Durchtrennung
Absatz 11 einer Brustkorbarterie auf beiden Körperseiten als Mittel gegen das beängstigende Engegefühl bei koronarer Herzkrankheit. Bis sich herausstellte: Auch wenn die Chirurgen die Arterien während der Operation zwar untersuchten, aber nicht durchtrennten, besserten sich bei 70 bis 80 Prozent der Patienten die Herzschmerzattacken – ähnlich häufig, als wären die Arterien wirklich gekappt worden. (...)

Textstrukturen verstehen

1 Markieren Sie in jedem Absatz den ersten und letzten Satz.

ABSATZTECHNIK:
WICHTIGE AUSSAGEN
EFFIZIENT AUFFINDEN

Wichtige Informationen eines
Textes finden Sie nicht nur in
der Umgebung von Schlüsselwörtern, sondern häufig auch
am Anfang und am Ende der
Absätze. Lesen Sie daher die
ersten und letzten Sätze der
Absätze, wenn Sie schnell
wichtige Informationen des
Textes identifizieren möchten.

2 Lesen Sie die ersten und letzten Sätze der Absätze 7–11 und ordnen Sie die folgenden Überschriften den Absätzen zu.

> Mit Konditionierung kann man die Dosis von „richtigen Medikamenten"

reduzieren. ....

> Placebos können auch bei der Parkinsonkrankheit helfen. ....

> Auch Scheinoperationen haben bei Krankheiten einen Nutzen. ....

> Placebos funktionieren auch über Konditionierung. *Absatz 7* ....

> Placebos wirken sich auf den Blutdruck aus. ....

3 Auf welche zwei Arten können Placebos wirken? Lesen Sie noch einmal die markierten Sätze und ergänzen Sie den Satz.

Placebos wirken durch die .... des Patienten

oder durch ....

4 Lesen Sie jetzt die Absätze 7–11 ganz und ordnen Sie die Informationen zur Anwendung von Placebos in einer Tabelle. Verwenden Sie dazu ein gesondertes Blatt Papier.

Krankheit, Körperfunktion	Wirkungsart des Placebos	Form des Placebos
Immunsystem	Immunsystem reagiert	grüne Erdbeermilch
Hausstauballergie	Blutbild verändert sich	...
...	...	...

INFORMATIONEN
ORDNEN

Die Zusammenhänge von Informationen können Sie in einer
Tabelle übersichtlich darstellen
(vgl. Infokasten Seite 50).

5 Lesen Sie die Beispielsätze mit *sogar* und ergänzen Sie den Satz zur Verwendung von *sogar*.

Das Adverb *sogar* wird verwendet, um eine Aussage zu .... und um .... auszudrücken.

> betonen   ○
> widerlegen   ○
> hinterfragen   ○
> treffen   ○

> Zweifel   ○
> Überraschung   ○
> Überzeugung   ○
> Interesse   ○

6 Warum verwendet die Autorin das Wort *sogar* am Anfang von Absatz 11?

Sie verwendet „sogar", um ....

70 Die jüngsten Studien der (1) _____ liefern verblüffende Resultate, aber sie

Absatz 12 überzeugen nicht jeden. Besonders skeptisch sind die Autoren der Cochrane Collaboration, die 202

(2) _____ unter die Lupe nahmen, in denen (3) _____

mit „keine Behandlung" verglichen wurden. 60 Krankheitsbilder waren vertreten, darunter Depressionen,

Asthma, Angststörungen, Schlaflosigkeit und Bluthochdruck. Das Fazit: Im Allgemeinen haben Placebo-

75 interventionen keine wichtigen klinischen Effekte. Sie können aber beispielsweise bei (4) _____

_____ oder Übelkeit einen Einfluss haben. Immerhin.

Absatz 13 Man muss ja nicht gleich auf alle Medikamente verzichten. Die große Hoffnung ist, dass sich der Körper bei

Langzeittherapien so trainieren lässt, dass er mit weniger Medikamenten auskommt. So wie in einer aktuellen

Studie aus den USA: Patienten mit Schuppenflechte erhielten mehrere Wochen lang Kortisoncreme. Anschlie-

80 ßend verwendeten 15 Studienteilnehmer abwechselnd die Kortisonsalbe und eine (5) _____

_____, 18 fuhren mit der Standarddosis fort. Beide Gruppen zeigten eine ähnliche Besserung an den

schuppigen (6) _____.

Absatz 14 Bleibt das ethische Dilemma, dass der Arzt seine (7) _____ täuschen muss, wenn

er ihnen ein Placebo (8) _____. Aber vielleicht ist es doch möglich, offen über die

85 Therapie zu sprechen. Ted Kaptchuk von der Harvard Medical School überprüfte vor Kurzem an Reizdarm-

patienten, ob der (9) _____ auch dann wirkt, wenn die Patienten über die Schein-

präparate Bescheid wissen. Die Diagnose Reizdarm geht mit Beschwerden wie Völlegefühl, Durchfall oder

Brennen im Bauch einher, ohne dass eine konkrete Ursache gefunden wird. Kaptchuks Team erklärte den Pro-

banden, dass Placebos ihnen helfen könnten und dass dies mit klassischer Konditionierung zusammenhänge.

90 Es sprach von einer neuen Art von Körper-Geist-Therapie. Eine Gruppe schluckte die Tabletten zweimal am

Tag. Und siehe da: Im Vergleich zu einer (10) _____, die keine Pillen bekam, bes-

serten sich die Symptome.

Bisher erarbeitetes Wissen anwenden

1 Lesen Sie noch nicht die letzten drei Absätze. Sprechen Sie mit Ihrer Nachbarin / Ihrem Nachbarn zuerst über den Inhalt der bisherigen Abschnitte. Welche Informationen waren neu für Sie? Was fanden Sie interessant?

2 Lesen Sie jetzt die Absätze 12–14 und versuchen Sie, die Begriffe den Lücken im Text oben zuzuordnen. Schreiben Sie die Nummer der Lücke hinter den passenden Begriff.

Wort	Lücke	Wort	Lücke
Hautstellen		Placeboeffekt	
Kontrollgruppe		Placebotherapien	
Patienten		Schmerzen	
Placeboforschung		Studien	
Placebocreme		verschreibt	

3 Markieren Sie alle Begriffe in den Absätzen 12–14, die mit Medizin zu tun haben. Ordnen Sie diese Begriffe in einem Assoziogramm. Erweitern Sie das Assoziogramm dann um weitere Wörter, die Sie schon kennen.

INFORMATIONEN INTEGRIEREN, WISSEN ERWEITERN

Während Sie einen Text lesen, erweitern Sie Ihr Wissen. Sie erhalten neue Informationen und vergrößern Ihren Wortschatz. Bauen Sie auf diesen Kenntnissen auf und versuchen Sie, sofort das neue Wissen in Ihren bestehenden Wissensschatz zu integrieren, wie in Aufgabe 3.

TIPP

Lesen Sie den Infokasten auf Seite 61.

Satzstrukturen verstehen

1   Was folgt in der Regel nach: *Das Fazit: …*?

> eine Einleitung für etwas   ○
> ein Gegensatz von etwas   ○
> eine Zusammenfassung von etwas   ○
> eine Ergänzung zu etwas   ○

2   Der Ausdruck *Das Fazit:* ist unvollständig. Was fehlt? Markieren Sie die fehlende Wortart.

ein Verb   ein Substantiv   ein Artikel   ein Adjektiv

3   Im Absatz 12 gibt es einen weiteren Auslassungssatz. Markieren Sie ihn im Text und schreiben Sie ihn dann als vollständigen Satz.

....

4   Was drückt die Autorin mit diesem Satz aus?

> Enttäuschung   ○   > Interesse   ○   > Freude   ○
> Anerkennung   ○   > Begeisterung   ○   > Hoffnung   ○

5   Warum steht der Ausdruck *keine Behandlung* in Anführungszeichen? (Zeile 73)

....

6   Welche Funktion haben die Anführungszeichen in dem folgenden Satz? (Zeile 20)

„Gab jemand den Hinweis: ‚Jetzt gibt es was gegen die Schmerzen‘, dann …"

....

7   Welche Bedeutung hat der Ausdruck *Und siehe da*? (Zeile 91)

> Und wiederum   ○   > Und tatsächlich   ○
> Und trotzdem   ○   > Und immerhin   ○

8   Das Wort *so* wird in den folgenden Beispielen unterschiedlich verwendet. Ordnen Sie die Verwendungsweisen und passenden Synonyme zu.

A	„So wie in einer aktuellen Studie …" (Zeile 78–79)	B	„… so trainieren lässt, dass…" (Zeile 78)

☐ bezeichnet eine näher bestimmte Art eines Vorgangs   ☐ bezeichnet eine Entsprechung

☐ „auf diese Art" oder „derart"   ☐ „ebenso" oder „genauso"

AUSLASSUNGSSÄTZE ERGÄNZEN KÖNNEN

Nicht jede Äußerung ist ein grammatikalisch vollständiger Satz, in dem es ein finites Verb und alle zu diesem Verb gehörigen Satzglieder gibt. Manchmal werden Satzteile weggelassen, um Aussagen zu verstärken bzw. hervorzuheben. Die fehlenden Satzteile müssen aber immer durch den Kontext erkennbar bleiben. Bekannte Beispiele sind „Rauchen verboten!", „Guten Morgen!", „Entschuldigung!", oder „Super!".

DIE VERWENDUNG VON ANFÜHRUNGSZEICHEN VERSTEHEN

Neben der Kennzeichnung von Zitaten und wörtlichen Reden können Anführungszeichen auch dazu verwendet werden, Wörter in einem Satz hervorzuheben. Der Autor kann dem Leser dadurch zeigen, dass dieses Wort eine spezielle, z. B. ironische oder bildliche Bedeutung hat. In manchen Fällen kennzeichnen die Anführungsstriche den Begriff aber auch als Name oder Bezeichnung (vgl. Infokasten Seite 68).

1 Die Autorin verwendet unterschiedliche Begriffe für *Arznei*. Sammeln Sie sie. Welche Wörter kennen Sie noch? Schauen Sie auch in einem Synonymwörterbuch nach.

ARZNEI   das Medikament

2 Welches Verb kann mit welchem Substantiv verwendet werden? Kreuzen Sie die zutreffenden Substantive in der Tabelle an. Manche Verben können mehrmals zugeordnet werden.

	Krankheit	Forscher, Arzt	Medikament, Placebo	Patient
schlucken			X	X
bessern				
heilen				
genesen				
einnehmen				
zittern				
wirken				
ausheilen				
helfen				
erkunden				
auftragen				
verabreichen				
zu sich nehmen				

3 Beantworten Sie die Fragen zu den folgenden Redewendungen.

a Was bedeutet die Redewendung *auf den Magen schlagen* in dem Satz „Dass psychische Probleme *auf den Magen schlagen* können ...“ (Zeile 57)?

....

....

b Welche Bedeutung hat *unter die Lupe nehmen* in dem Satz „... die 202 Studien *unter die Lupe nahmen* ...“ **nicht**?
(Zeile 71–73)

> genau kontrollieren ◯   > kritisch betrachten ◯
> intensiv suchen ◯   > gründlich prüfen ◯

4 „….: grün gefärbte Erdbeermilch mit einem Schuss Lavendel." (Zeile 32) Wie viel Lavendel kommt mit einem *Schuss* in die Erdbeermilch? Lesen Sie die Definitionen und wählen Sie dann die richtige Antwort aus.

Schuss <**m.**; -es, Schüsse> **1** *das Schießen mit einer Waffe*: der Schuss aus einer Pistole; es fielen zwei Schüsse **2** *das Treten oder Stoßen eines Balles, z. B. beim Fußball*: Der Schuss ging ins Tor. **3** <ohne Plural> *eine kleine Menge einer Flüssigkeit*: Tee mit einem Schuss Milch, Rum.

> sehr viel ○
> viel ○
> wenig ○
> sehr wenig ○

5 „Den Drink, den die Probanden am Universitätsklinikum Essen kosten mussten, …"
Mit welchem Wort kann *kosten* ersetzt werden? (Zeile 31)

> bezahlen ○ > probieren ○
> bewerten ○ > kaufen ○

6 Welche Funktion haben die Doppelpunkte in den folgenden Sätzen?

a Der Forscher sagt: „Placebos können Menschen heilen." ....

b Placebos helfen bei vielen Schmerzarten: Kopfschmerzen, Bauchschmerzen, etc. ....

c Zum Einsatz kommen Placebos: Das sind Medikamente, die keinen Wirkstoff enthalten. ....

7 Die Autorin verwendet mehrmals Doppelpunkte.
Welche Funktion haben sie in den folgenden Zeilen?

Zeile	Funktion
4	Erklärung ....
16	....
20	....
59	....
67	....

8 Schreiben Sie die Sätze aus dem Text noch einmal ohne Doppelpunkt
und verwenden Sie die Begriffe *und zwar*, *das heißt* und *nämlich*.

> Zeile 16–17: Schon die Aussicht auf ....

....

> Zeile 31–32: Den Drink, den die Probanden ....

....

> Zeile 58–60: In einem Experiment ....

....

Arbeitstechniken wiederholen

1 **Absatztechnik: Lesen Sie die jeweils ersten und letzten Sätze der Absätze A und B und entscheiden Sie dann, ob die Aussagen richtig oder falsch sind.**   Infokasten Seite 79

A An Meissners jüngster Studie nahmen Patienten mit Herzbeschwerden teil. (...) Auf jeden Fall zeige sich: „Da kam etwas am Herzen an von den Suggestionen."

B Niederländische Forscher überprüften eine Methode, bei der miteinander verwachsene Gewebe im Bauch während einer Bauchspiegelung voneinander getrennt werden. (...) Allerdings ist unwahrscheinlich, dass es jemals eine Placebochirurgie geben und man Patienten nur zum Schein aufschneiden wird.

richtig   falsch

In einer Studie wurde gezeigt, dass Placebos bei Herzbeschwerden wirksam sind.

Niederländische Forscher haben Menschen nur zum Schein den Bauch aufgeschnitten.

2 **Welche der folgenden Sätze passen an die Stelle von (...) in 1A und 1B? Ordnen Sie zu.**

☐ 30 Patienten erhielten eine Kochsalzlösung als Placebo, der Hälfte von ihnen wurde erklärt, es handele sich um ein Medikament, das die Gefäße erweitere. Die Teilnehmer dieser Gruppe meldeten erwartungsgemäß weniger Beschwerden. Die Blutgefäße hatten sich allerdings nicht geweitet, sondern verengt. „Das hatten wir so nicht erwartet", sagt Meissner. „Wir glauben, dass die Aussicht auf ein helfendes Medikament Entspannung brachte. Diese führt dazu, dass das Herz weniger Blut benötigt, dann verengen sich die Gefäße."

☐ Solche Verklebungen können nach Entzündungen oder Operationen entstehen und schmerzhaft sein. Die Studie mit 100 Patienten ergab: Egal, ob die Bauchspiegelung nur zur Diagnostik diente oder ob tatsächlich das Messer zum Einsatz kam – das Wohlbefinden der Patienten ähnelte sich. Die Studien zeigen, wie weit die Kraft der Einbildung reicht.

3 **Notieren Sie die Funktion der Doppelpunkte in den markierten Sätzen von Aufgabe 1 und 2.**   Infokasten Seite 83

> Auf jeden Fall zeige sich: ... *Funktion:* ....

> Die Studie mit 100 Patienten ergab: ... *Funktion:* ....

4 **Was ist die Funktion der Anführungszeichen in Absatz A bei Aufgabe 1?**   Infokasten Seite 81

....

5 **Informieren Sie sich in der Bibliothek, einer Fachbuchhandlung oder online über zwei Fachzeitschriften, die für Ihr Studienfach wichtig sind. Beantworten Sie die Fragen. Benutzen Sie ggf. ein gesondertes Blatt Papier.**   Infokasten Seite 79

> Wie heißen die Zeitschriften und wie oft erscheinen sie? ....

> Welche Themen werden in den Artikeln behandelt? ....

> Wer sind die Herausgeber bzw. die Personen, die die Qualität der Artikel überprüfen? ....

Quellenverzeichnis

Cover   © Thinkstock/Fuse

Fotos

Seite 3:   Mitte oben © Biosphoto / Tony Crocetta; links oben: © Oliver Bayerlein; links unten: © picture-alliance/Patrick Seeger; rechts oben: © fotolia/mariolina; rechts unten: © thinkstock/iStockphoto

Seite 7:   © Biosphoto / Tony Crocetta

Seite 8:   A: Teubner. Deutsche Küche © Gräfe und Unzer Verlag, München; B: Tod am Bodensee, Umschlaggestaltung: U.O.R.G. Lutz Eberle, Stuttgart unter Verwendung eines Fotos von: © kulturgestaltung/photocase.com; C: Die Päpstin: Abdruck mit freundlicher Genehmigung der Aufbau Verlag GmbH & Co. KG, Berlin 2013; D: Lonely Planet Berlin © MairDuMont, Ostfildern; E: Schülerduden Mathematik II © Bibliographisches Institut GmbH, Berlin

Seite 16: Universitas, Mai 2011 © Heidelberger Lese-Zeiten Verlag

Seite 19: unten links: Robert Musil, Mann ohne Eigenschaften II © Rowohlt Verlag, Reinbek; unten rechts: © Leo Tolstoi, Krieg und Frieden 2009 Anaconda Verlag GmbH, Köln

Seite 23: von links nach rechts: © fotolia/dominik diesing; Umberto Eco: Der Name der Rose, München: Deutscher Taschenbuchverlag, 1986; Stilke, Meister-Tipps für Angler © 2010 Franckh-Kosmos Verlags-GmbH & Co. KG, Stuttgart; J.R.R. Tolkien. Der Herr der Ringe. Band 2: Die zwei Türme. Aus dem Englischen von Wolfgang Krege (Wolfgang Kreges Übersetzung aus dem Jahr 1999 wurde für diese Ausgabe vollständig neu durchgesehen und korrigiert). © Fourth Age Limited 1954, 1955, 1966. Klett-Cotta, Stuttgart 1970, 1972, 1. Auflage dieser Ausgabe 2012

Seite 29: © Oliver Bayerlein

Seite 30: 1: © Thinkstock/Wavebreak Media; 2, 3 und 5: © Thinkstock/iStockphoto; 4: © Thinkstock/Stockbyte

Seite 31: Massband, Uhr und Messbecher: © Thinkstock/iStockphoto; Thermometer: © Thinkstock/Hemera; Waage und Tachometer: © Thinkstock/iStockphoto

Seite 34: Holm Friebe/Philipp Albers, Was Sie schon immer über 6 wissen wollten © Carl Hanser Verlag, München; Umschlaggestaltung © Martin Baaske

Seite 35: © Thinkstock/iStockphoto

Seite 39: © Thinkstock/iStockphoto

Seite 43: © fotolia/mariolina

Seite 50: © fotolia/Dirk Schumann

Seite 57: © picture-alliance/Patrick Seeger

Seite 58: alle Bilder © Thinkstock/iStockphoto

Seite 59: © Thinkstock/iStockphoto

Seite 67: © Thinkstock/iStockphoto

Seite 69: oben: © Thinkstock/Photodisc; unten: © Thinkstock/iStockphoto

Seite 70: alle Bilder: © Thinkstock/iStockphoto

Seite 71: Medikament, Flasche und Löffel und Tasse Tee: © Thinkstock/iStockphoto; Spritze: © Thinkstock/Stockbyte

Seite 72: A: © Thinkstock/Wavebreak Media; B, C und E: © Thinkstock/iStockphoto ; D: © Thinkstock/Hemera;

Seite 73: alle Bilder: © Thinkstock/Hemera

Seite 74: © Zeitverlag Gerd Bucerius GmbH & Co. KG

Seite 77: © Thinkstock/Dorling Kindersley

Texte

Seite 10, 15, 16, 20:   Peter J. Brenner: „ Lesen – warum eigentlich?", in: Universitas 05/2011, S.25–29

Seite 32, 34, 38, 40:   Holm Friebe/Philipp Albers, „Was Sie schon immer über 6 wissen wollten", S. 37–39 © Carl Hanser Verlag, München

Seite 46, 48, 50, 51, 52:   Nach Boroditsky, L.: „Wie die Sprache das Denken formt", Spektrum der Wissenschaft 4/2012, S. 30–33

Seite 62, 64, 65, 70:   „Bautechnik Holz statt Stahl und Beton" von Monika Schramm und Georg Küffner, FAZ 27.03.2013

Seite 74, 78, 80   Christiane Löll: „Die eingebildete Arznei", aus dem Zeit Magazin „Zeit Wissen" (2012), ZEIT ONLINE

Notizen

Notizen

Notizen